人口服务管理体制研究

Studies on Mechanism of Population Services and Management

国家人口计生委课题组　编

出版社

编委会

努力探索社会转型期的人口服务管理制度

（代　序）

经过30多年的改革开放，我国经济高速增长，物质生活条件得到很大改善，国家发展进入一个新的历史阶段，经济、社会、文化等多个领域呈现出转型发展的突出特点。人口发展随之也出现一些重要的转折性变化，在未来较长时期，人口数量问题仍然是一个制约我国经济社会发展的重大问题，但人口素质、结构和分布问题，已逐渐成为影响全面协调和可持续发展的关键因素。面对系统性转型时期的新情况、新特点，迫切需要我们不断提高统筹人口与发展的能力和水平，统筹协调好人口与经济、社会、资源、环境的互动关系。进一步深化人口服务管理制度改革，加快建立有利于促进人的全面发展的体制机制，就成为我们当前必须重点谋划、全力推进的重要战略任务。

2003年，国家计划生育委员会更名为国家人口和计划生育委员会，增加了人口发展战略研究、人口发展规划制定和人口发展状况监测等一系列“大人口”的新职能。2004年，在中央提出贯彻落实科学发展观、全面建设小康社会的背景下，国务院组织开展国家人口发展战略研究，提出了“优先投资于人的全面发展”的战略理念。近些年来，按照以人的全面发展统筹解决人口问题的总体要求，各地进行了艰苦的探索，取得了一些成绩。但是由于受到我国现行人口基础管理体制和机制的制约，这些工作大多停留在宏观规划层面，还不能顺畅地纳入各级政府的中心工作，不能转化为具体的人口管理实践。概括起来，统筹解决人口问题的难点在于：**一是任务落实难度大。**人口服务管理的内容极为丰富，涉及绝大多数政府部门。国务院授予人口计生部门统筹解决人口问题的职能多集中在宏观层面，需要多部门协调，与现有人口计划生育工作体系缺乏有机衔接。**二是发展方向待明确。**我国计划经济时期的人口服务管理制度是严密而有效的，但是随着改革开放进程不断深入，这一制度体系的有效性逐渐减弱。各地为了适应新形势的需要，创造了许多新的做法，但是全国范围尚没有统一的规范，导致人口服务管理制度环境的变动较大，缺乏必要的稳定性。**三是思想认识不统一。**对于传统的计划生育工作，我们这支队伍驾轻就熟，但对统筹解决人口问题的工作任务了解和认识相对不足。在人口控制方面投入较多，对统筹解决人口问题的投入相对较少。我们相当一部分工作者存在着畏难情绪，统筹解决人口问题的实践进展缓慢。

为解决这些难点问题，我们从2010年开始，在国家人口发展战略研究的基础上，从实现人的全面发展的高度，系统整理了各地的实践创新，启动了人口管理的课题研究，并确立了四个基本原则：**一是前瞻性原则。**在充分考虑现行法律环境的基础上，突出体制机制创新，保持适度的前瞻性。**二是实践性原则。**研究成果必须来自基层实践，能够用于指导实践，经得起历史和实践的检验，反对脱离实践基础的空洞设计。**三是整体性原则。**着眼于政府的整体职能体系建设，加强人口管理与服务的科学分工，有序联动，简约高效。**四是主动性原则。**根据人口工作未来可能的走向，积极探索人口计生部门在今后人口服务管理方面的功能定位。

2011年以来，中央多次强调加强和创新社会管理，成立了中央社会管理综合治理委员会。根据中央社会管理综合治理委员会的安排，赋予了人口计生部门“参与人口服务管理规划制定和政策设计”的重要职责。国家人口计生委组织成立课题组，由发展规划与信息司具体承担，按照上述四个原则，从经济社会转型对人口管理体制带来的挑战、不同地区的人口管理政策、我国人口管理体制改革的基本方向、路径选择和可能的框架等方面展开研究。形成了《人口发展与经济社会转型》、《再造城镇化进程中的“人口制度红利”》、《重构新时期人口基础管理框架》、《深圳和珠海人口管理模式的比较》、《英国人口管理的实践与启示》、《推行差别化人口管理，实现人口与产业再平衡》、《北京的“人口苦恼”与人口规划的基础作用》、《把社区建设成为我国人口管理新平台》、《引导人口合理分布促进协调发展》等一系列阶段性的成果，受到中央领导同志的充分肯定。本书就是这些研究成果的汇集。总的来说，人口管理应着眼于人口发展，着力于优先投资于人，落实于人口服务，寓管理于服务之中。

——确立“人口服务”的基本逻辑主线。一个国家的人口管理体制，通常是由这个国家特定时期的政府行政重心决定的。历史上，我国曾先后出现过以军事为重心的“兵役型人口管理”、以税赋为重心的“赋役型人口管理”、以治安为重心的“管制型人口管理”。当前，随着我国经济社会的整体转型，我们面临着从建设型政府向服务型政府的过渡，人口管理也必然需要随之完成由管控型向服务型的转变。国际经验表明，世界主要发达国家在第二次世界大战结束后，都经历了人口管理从“人口管控”为主向“人口服务”为主的转变，主要原因就在于他们不约而同地将政府行政重心转移到强化公共服务上来。

——构建“人口服务型”的基本职能体系。与“管控型”体制相比，“服务型”人口管理的逻辑起点不同，其管理职能的组合方式也有所不同。新人口管理体制下的基本职能体系，必须能够支撑和衔接涉及人口发展的所有公共服务领域，有利于形成行政组织、事业服务组织和公民自治组织等共同参与的多元化管理格局。其基本框架主要包括健全国家人口立法，制定有约束力的国家人口发展规划，逐步完善人口政策，建立城乡、区域、民族统一的人口登记制度，实施人口发展状况监测，建立开放的全国人口信息公共平台，依法提供基础信息服务等主要内容。

——选择“人口服务型”的基本管理载体。依托单位制度衔接各项社会福利政策，通过单位管理实现人口管控，是我国原有人口管理体制的一个重要特点。在这种体制下，每一个成年公民都要接受一个单位的管理，这个单位可以是企业、学校、生产队、机关、社会团体，等等。单位不仅直接影响成员的就业、收入、住房及生老病死等诸多社会待遇，而且也具体负责成员的思想教育、奖励、处罚和迁移。随着改革开放的不断深化，让“单位人”还原为“社会人”，让全体公民以平等身份享受均等化的公共服务，必然要求重新定位人口管理的基本载体。新体制应该实施单一的属地制度，革除单位制，改造“街居制”，整合政府、社会组织和公共服务机构等各种力量，将居民社区作为人口基础管理的主要载体，是尽快形成服务型人口管理体制的突破口。

——建立“人口服务型”的基础工作机制。新时期的人口管理体制，应具备跟踪人口流向、分析人口结构、提高服务水平、引导人口布局的能力，完全不同于传统管控型体制。**一是**管控型的人口管理，必须尽量降低人口流动的规模和频率，为人口管控创造必要的封闭条件。而新体制则主要以人口迁出地和迁入地的信息跟踪为主要工作对象，其管理的是流动的人口信息，对人口的自由迁徙权没有内在排斥性。**二是**管控型的人口管理，依赖于相对固定的人口户籍属地，在行政管理中严格区分异地人口的身份，并在客观上造成公民待遇的不平等。而新体制着力衔接人口迁出地和迁入地的相关公共服务部门，必须立足于均等的公民身份。**三是**管控型的人口管理，不便于为复杂的公共服务体系开辟过多的组织接口。而新体制必须打造促进人口发展的共有基础平台，通过对公共服务部门的服务，实现对人口发展的服务。

——以人的全面发展统筹解决人口问题。按照中央提出的全面做好人口工作的战略部署和胡锦涛总书记强调的“加强战略研究、加强政策统筹、加强工作协调、加强任务落实”和“切实稳定低生育水平、切实加快建设人力资源强国、切实促进社会性别平等、切实加强流动人口管理和服务、切实应对人口老龄化、切实促进家庭和谐幸福”的总体要求，新时期创新服务型人口管理体制，以人的全面发展统筹解决人口问题，至少需要在四个方面积极探索。

一是人口发展规划。在“建设型政府”中，人口规划往往从属于产业规划和国土规划，相对比较欠缺。而在“服务型政府”中，人口规划作为政府主要公共服务项目的依据，具有重要的基础性作用。我们应高度重视人口规划工作，提高人口规划的实用性，在充分考虑即期资源、环境、经济基础和财政能力约束的条件下，统筹解决人口数量、素质、结构和分布问题；确立人口规划的约束性，使人口规划中的重要指标，成为国民经济社会发展规划中的约束性指标；强化人口规划的综合性，使人口规划成为协调政府各部门、公共服务各机构及社会各主体实施社会管理的共同指导工具。

二是人口发展监测。我国目前尚未系统地开展人口发展状况的行政监测工作。国家人口计生委组织进行的流动人口监测，可以视为我国人口发展监测的雏形。近年来，人口计生系统组织开展的人口发展战略研究和人口发展功能区研究，形成了一批重要指标和比较成熟的数据模型，积累了不错的经验。我们应充分利用已有的基础，将人口规划中的约束性指标，转化为一套行政监测指标体系，发挥人口计生系统的组织网络优势，将人口发展监测落到实处。

三是人口信息服务。依托对流动人口的计划生育服务，通过婚育登记，实现流动人口的基本信息跟踪。以全员人口信息为主要依据，建设基础人口信息平台，规范信息采集和数据交换，提高流动人口信息跟踪的技术支撑能力。开展部门间信息共享，以服务换信息，提高流动人口信息跟踪的质量。积极建设人口服务管理档案，探索基于人口服务管理档案之上的公共服务方式、方法和渠道，并率先在流动人口服务管理中加以落实。

四是人口发展考评。充分发挥人口和计划生育目标管理责任制的导向作用，制定适应统筹解决人口问题、促进人的全面发展需要的考核指标体系，引导政府、相关部门和社会各界重视人口工作，形成统筹解决人口问题的合力。

人口管理是一个全新的研究领域，我们的研究刚刚起步，难免存在不足之处。我们将阶段性的研究成果汇集成册，旨在介绍我们对人口管理创新的初步设想和基本思路，供同志们参考。希望大家多提宝贵意见，共同研究，为探索新时期统筹解决人口问题道路做出应有的贡献。

陈立

2012年5月

目　录

人口发展与经济社会转型

改革开放以来，我国经济保持了30多年的高速增长，创造了世界发展史上的奇迹。这种上行的态势能否长期平稳地保持，是考量我国今后发展的基础。像我们这样一个占世界人口1/5的发展中大国，经济的上行抑或下行，对内部社会问题的解决和对外部世界的发展，影响都是巨大的。

一、“东亚奇迹”中的经验和教训

从20世纪下半叶开始，东亚经济多波次轮番持续增长，成为国际经济中十分引人注目的现象。“东亚奇迹”的这种“雁行发展”轨迹，经历了前后重叠的四个增长高峰：继日本于20世纪50年代率先崛起之后，韩国等“四小龙”（还包括新加坡、中国台湾和中国香港）于60年代掀起了第二波高速增长，泰国等东盟国家于

70年代推动了第三次高速增长，80年代以后中国引领了第四轮高速增长。维系“雁阵”的主要纽带，是当生产成本特别是劳动力成本上涨、资源环境约束趋紧时，先行经济体就把低附加值的劳动密集型制造业转移到跟随经济体。这种因产业升级而发生的社会经济转轨能否顺畅，成为决定不同国家发展命运的关键点。

——韩国保持持续上行态势的经验

1962年以来，韩国抓住国际产业转移和国内人口转变迅速到来、儿童人口比例下降的有利时机，清晰地走出了一条在国家战略规划指引下，超前投资和深入开发人力资源，带动产业结构持续升级的道路，保持了经济长期较快发展。韩国具有崇尚文化教育的传统。1953年，政府制定6年免费义务教育制度，教育经费支出占GNP的5%。20世纪60年代初居民识字率约80%，人力资本水平远远领先于大多数发展中国家。60年代中期开始，普及初等和中等教育。70年代，提出“科技立国”战略，普及高中教育，建立包括正规教育和职业培训在内的比较完备的多层次教育体系。1980年，高等教育毛入学率达14.7%，基本实现从精英型向大众型的转变。90年代，在学龄人口减少的形势下，政府积极普及高等教育，建立终身学习制度。目前，国民平均受教育年限为11.6年，是亚洲的最高水平。

雄厚的人力资本储备为韩国产业升级和经济增长提供了不竭的动力源泉。1962年，韩国开始推行经济发展5年计划，调整了20世纪50年代的进口替代战略，转而实施出口导向的发展战略，抓住日本低端制造业海外转移的机遇，生产和出口拥有比较优势的劳动力密集型产品，出口商品从低技能劳动密集型产品渐次向电子产品等高技能劳动密集型产品过渡。70年代初，由于劳动力成本上升、国际贸易保护主义抬头以及来自中国台湾等经济体的竞争加剧，国内许多劳动密集型出口工业丧失竞争力，韩国政府及时对经济结构进行了战略重组，发展重点从以前的轻工业转向重化工业。90年代初开始，随着劳动力人口增量的下行，重点发展电子、汽车、机器等技术和资本密集型的高附加值产业；进入21世纪，信息技术工业成为增长最快的部门。1970—1995年，大量农村劳动力转移到高收益领域，人口城镇化率从40.7%增加到78.2%，年均增长1.5个百分点。韩国经济已成功地从一个弱小的农业经济转变为一个强大的现代化工业经济，用18年的时间，于1995年实现了从中等收入向高收入国家的跃迁，目前人均GDP超过2万美元。

——泰国折断经济上行态势的教训

20世纪90年代中期是泰国经济发展的“分水岭”。泰国自第三个经济发展计划（1972—1976年）起，在“进口替代”企业效率低下、内需市场饱和的情况下，利用东亚产业转移的机会，实施出口导向型工业战略，到90年代中期，顺利实现了从传统农业到劳动密集型工业的产业升级，基本完成从农业国向工业国的转变，成为东南亚的重要领军和明星国家。1995年，人均GDP达2800美元，是中国的4.7倍；财政盈余和国内储蓄分别占GDP的3.2%和34.1%。此后形势却发生逆转，1996年，出口明显下滑和银行不良贷款问题凸显，GDP增速大幅放缓，1997—1998年遭受亚洲金融危机重创而出现负增长，经济至今仍然增长乏力，人均GDP目前已被中国迎头赶上。

泰国经济发展受挫，直接原因是资产泡沫和金融监管问题，根本原因却在于实体经济层面。**一是**廉价劳动力优势不断消失，低端劳动密集型制造业失去竞争力。直到90年代中期，泰国仍然是依靠廉价劳动力争取国际市场。随着总和生育率从70年代初的6.0下降到90年代初更替水平以下，1995年劳动年龄人口增量明显下降，传统“人口红利”逐步减弱，劳动力成本不断上升。农业发展明显落后，在农业产值比例持续下降的同时，农业富余劳动力向非农部门转移的速度却很缓慢，1995年农业产值占GDP的比重已降到11.2%，但农业劳动力仍占劳动力总量的51.3%，不仅造成较大的城乡区域差距和贫富差距，而且抬高了制造业的劳动力成本。随着中国等的相继发展，泰国传统劳动密集型产业遭遇困境。**二是**长期教育投入不足造成技术人才缺乏，没有及时实现技术密集型产业升级。1971—1989年，中等教育毛入学率仅从17.2%提高到28.4%，远低于世界平均水平。尽管1997年宪法规定了12年义务教育，但中等教育和职业教育发展滞后、质量不高的局面仍未根本改观，2010年成人平均受教育年限仅6.6年，严重制约了产业结构的升级。**三是**政府频繁更替，没有相机决策乃至出现政策失误。受多种因素的影响，泰国失去了一次向发达国家迈进的历史性机遇。

韩国、泰国都是人多地少的国家，2008年人口密度分别为502人/平方公里和132人/平方公里，都用30年左右的时间实现了人口再生产类型的转变；社会发展都受到了儒家文化的较大影响；经济增长都先后采取外向型发展策略，人均GDP分别于1977年和1988年达到1000美元，成为中等收入国家。但是，两国此后的实践表明：传统“人口红利”对发展的作用是阶段性的，必须根据国际国内环境和生产要素的变化，适时调整发展战略，转变发展方式；人力资本是经济增长的第一要素，在不同的发展阶段，都必须把提高人口素质放在首位，在人地矛盾相对尖锐的情况下，更要优先发展和开发人力资源；产业结构升级必须以要素禀赋变动为依据，以市场机制为基础，以提高劳动生产率和竞争优势为目的；在经济增长的过程中，必须推进工业与农业、城市与农村、经济与社会的均衡发展。

二、保持我国经济上行态势面临的挑战

在过去的30年，我国在推进市场化改革和参与国际分工的体制环境下，抓住了传统的“人口红利”时期，凭借丰富的劳动力资源，引进资金和技术，以较高的资源环境代价，以低廉的劳动密集型产品在国际市场获取比较优势，顺利成为世界制造业大国，支撑了经济的高速增长。中国社会科学院的研究表明，这一时期人均GDP的增长中，劳动力投入、人力资本积累、劳动力转移的贡献份额分别为24%、24%和21%；同时，经济形成了过度依赖要素投入的粗放式增长方式，由科技创新带来的生产率提高对经济增长的贡献仅占3%。在“十二五”及更长一个时期内，我国将先后迎来劳动年

龄人口、总人口和老年人口高峰，人口发展发生重大转折，经济基本面因素出现根本变化，经济增长的现有动力源泉逐渐衰竭，可持续发展面临历史性挑战。

（一）依靠劳动力数量扩张推动经济增长的基础开始动摇

2003年来，15—59岁劳动年龄人口年均增长量开始下降，劳动力数量转向有限剩余，沿海经济发达地区出现“民工荒”现象，农民工工资年均增长10%以上。2011年，这一问题呈现全国蔓延之势。“十二五”时期，劳动年龄人口绝对规模将达峰值9.23亿，占总人口的比例达67.8%的最高点，此后缓慢下降，劳动力供给形势出现划时代的变化，普通劳动力成本上升不可避免。随着20世纪50年代第一次出生高峰时期的出生人口相继进入老年，第一次老年人口增长高峰即将到来，人口抚养比将在30余年持续下降后，于2013年前后转为上升，传统“人口红利”趋于减弱。

（二）劳动力转移对经济增长的贡献逐步减弱

随着市场经济体制的确立和户籍制度改革的推进，大量剩余劳动力从农业和农村转移到非农产业和城镇，2010年，全国二、三产业就业人口比重从1980年的31.3%提高到63.3%，人口城镇化率从19.39%提高到49.95%，流动人口达2.2亿人。“十二五”时期人口分布格局将发生根本改变，城镇人口将首次超过农村人口，预计2015年人口城镇化率达54%。国际经验表明，人口城镇化从30%提高到70%是一个快速发展时期，但越过50%的拐点后，其增速减缓。随着农业与非农业部门边际生产率差距缩小、农村人口转移趋缓，我国劳动力进一步转移对经济增长的作用下降。同时，现行人口管理制度在很大程度上仍然建立在城乡、地区分隔的户籍制度基础之上，流动人口可以离开土地但不能融入城镇，阻碍了劳动力的有效配置；农民工难以享受均等化的公共服务，直接影响内需的扩大和人力资本的积累；城乡区域间人口收入差距难以缩小，社会风险不断积累、社会矛盾日益凸显，影响社会和谐稳定。

（三）人口资源环境约束对经济发展的压力增大

人口众多、人均资源占有量较少、生态环境容量相对不足仍然是我国的基本国情，对经济发展的压力是长期、巨大、刚性的。我国人均耕地是世界平均水平的1/3，人均水资源是1/4，人均矿产资源是1/2，人均主要资源量综合排名世界第120位，资源环境对13亿多人口的支撑已很困难。温室气体人均排放水平与世界大体持平，但排放总量居世界前列，节能减排任务十分艰巨。在稳定低生育水平的前提下，预计总人口将于2015年、2020年分别达到13.9亿人和14.3亿人，2030年前后达到峰值15亿人左右。随着人口总量继续增长，人均收入和人们生活水平不断提高，人与自然的矛盾将全面激化，资源环境对经济高速增长的支撑能力日益减弱。

（四）以人力资本为核心要素的国家竞争优势尚未形成

从根本上讲，由科技创新带来的生产率提高是经济增长的可持续源泉；在人力资本存量上赶超，进而在模仿学习的基础上缩小科技创新上的差距，积极发展技术密集型产业，培育国家竞争优势，是后发国家跨越式发展的必由之路。近些年来，我国人口素质稳步提高，全面普及九年义务教育，基本扫除青壮年文盲，人力资本发展水平大体与世界平均水平相当。但是，与发达国家相比，我国人口素质总体不高，成人平均受教育年限低4—5年，25—64岁人口中大专以上人口比例是发达国家的1/7—1/5，14岁以上人口在学率明显下降，势必对未来劳动力人口素质产生不容忽视的负面影响；自主创新能力明显不足，每百万人从事研究与开发的研究人员数、每百万人申请专利数分别是发达国家的1/4和1/6—

1/5。由此导致我国长期处于国际产业分工链低端，经济发展的后劲明显不足。

三、在人口发展中打造“人力资源红利”

今后一二十年，我国仍处于人口抚养比相对较低和人口城镇化发展较快的时期，经济与人口的关系更加密切，人口发展在经济社会发展中的能动作用更加突出。借鉴国际经验，把握历史机遇，规避发展陷阱，要求我们坚持以人为本，以促进人的全面发展为根本目的和动力，创新体制机制，全面落实优先投资于人的战略，着力打造“人力资源红利”，充分激发和发挥全社会的创造活力，推动发展方式转变，突破国内人口资源环境的硬约束，实现经济社会全面协调可持续发展。

（一）积极引导产业区域转移，充分发挥劳动力规模较大的比较优势

一是推动形成国内产业转移的“雁行发展”模式。我国内陆人口是日本、“四小龙”和泰国人口合计的4.8倍，国土面积为9.2倍，地区经济水平、发展阶段、要素禀赋差异巨大，自身就是一个大陆型经济。2020年前，我国15—59岁劳动年龄人口仍将处于9.1亿人的高

峰平台；今后一个时期，应有序推进劳动密集型产业从东部地区向中、西部地区转移，继续保持制造中心的国际地位。**二是**认真研究解决劳动力参与率下降、提前退休等问题，探索稳妥延长法定退休年龄的途径，充分挖掘劳动力的供应潜力。**三是**在劳动力成本有所上涨的情况下，更加重视保障宏观经济的稳定，特别要防止汇率升值过快。

（二）超常规积累人力资本，加快培育国家竞争优势

一是坚持育人为本，实现教育跨越式发展，提高人口科学文化素质。随着学龄人口的逐步下降，进一步加大教育公共投入，把高中教育纳入义务教育阶段，提高义务教育的质量和均等化水平，缩小农村、边远贫困、民族地区教育差距，尤其要解决好农民工子女上学难的问题。坚持不懈地提高高等教育大众化水平，积极推动高等教育普及化，通过校企合作、实习实训、弹性学习等方式，大幅度提高学生的就业、实践和创新能力。加强教育、劳动等部门协作，建立面向全体劳动者的终身职业培训体系，将职业教育与普通教育有机结合起来，职业教育要增强通用技能，普通教育要增强专业技能。动员社会组织、企业和家庭加大人力资源投入，建立学习型社会。**二是**抓住关键领域，继续提高人口健康

素质。建立全民健康关怀机制，通过对个体生命周期各阶段生理机能和健康状态的持续监测，以及对影响个体生理机能的关键风险因素的动态识别，倡导健康文明的生活方式，及时进行必要的健康干预，改善、维护和提高每一个人的健康状况。全面落实出生缺陷三级预防措施，降低出生缺陷发生率。发展多种所有制医疗卫生机构，强化医保方的监督责任，建立全科医生制度，进一步解决好群众“看病难、看病贵”的问题。落实工伤保险制度，促进劳动者工伤预防和职业康复。加强计划生育/生殖健康服务，进一步降低孕产妇死亡率和青少年流产率。**三是**加强心理卫生和精神健康工作，改进和强化思想道德教育，培育公民意识。**四是**建立有利于科技进步和自主创新的制度，努力提高国家创新能力。建立科技成果评价制度，选择应用和市场前景较好的领域，采取金融、财税、产业、政府采购、信息发布、知识产权保护等手段，推动重点企业实施重点突破。发挥企业家和科技领军人才的作用，鼓励民间和职工发明。密切各类技术创新主体的联系，使科研成果更快地转化为新技术、新产品，推动产业结构的转型升级。

（三）完善劳动力合理自由流动的制度安排，提高人力资源配置效率

一是千方百计扩大就业岗位。深化国有企业、垄断行业、公用事业改革，大力发展服务业和中小型企业，鼓励自主创业，多渠道增加就业岗位。建立统一规范的人力资源市场，鼓励更有弹性的灵活就业形式，通过提高就业能力、发布就业信息、加强就业服务。政府要特别对城镇下岗和失业人员、农村转移劳动力等就业困难人员给予政策扶助，防止他们长期陷入贫困。**二是**加快户籍与福利制度改革，促进农民工融入城市。下决心改革户籍管理制度，使其回归到证明公民身份的基本职能，不再作为享有社会福利的依据；使农民工在教育、就业、住房、社会保障、公共服务等方面能够与城市本地居民享受公平的机会，在劳动力市场上凭借自己的能力进行就业竞争，并通过经济收入和社会贡献，获得相应的福利和资源。通过国有资产变现收入、国有土地出让金收益、垄断行业超额利润、特许资源使用效益、发行债券等，结清对城市职工的社会保险历史欠账，做实个人账户；将农民工、被征地农民、城镇灵活就业人员纳入城镇社会保险范围，做到应保尽保；探索建立城乡区域社会保险制度有效衔接办法，逐步建立全国统一的

社会保险制度。将人口流向作为重要依据，完善财政转移支付制度，推进基本公共服务均等化。**三是**加快构建和谐劳动关系，切实保障劳动者的合法权益。劳动力无限供给格局的终结，有利于改变劳动者在雇佣关系上的不利地位。要加强劳动立法和执法，构建政府、工会、企业等共同参与的劳动关系协调机制，完善工资集体协商制度，使职工工资随着经济发展和劳动生产率提高而正常增长。**四是**统筹农业农村发展，稳定国内农产品供给，防止因城乡差距过大而产生人口无序流动问题。

（四）构建服务型人口基础管理体制，形成既充满活力又安定有序的发展格局

人口基础管理，是社会管理运行的底层构造，也是开发利用人力资源的基本前提。**一是**适应“单位人”日益转化为“社会人”的大趋势，构建“人口登记＋社区管理”的基本制度框架。整合人口出生、婚姻、死亡、迁移流动等的登记管理，建立城乡统一的人口登记制度，并与户籍管理、社会福利管理、治安管理相分离。优化配置公共资源，建立社区人口服务管理站，增强社区人口管理能力，推动政府社会管理和公共服务覆盖到社区全部人口。注重发挥各类社会组织、经济组织、基层自治组织等的积极作用，促进基层民主自治。健全农

民工依法参加城市民主选举和管理的办法，逐步增加农民工在流入地党代会、人代会代表和政协委员的名额，建立制度化、法治化的利益表达与协调机制，及时化解不稳定因素。**二是**加强人口宏观规划管理，强化其行政约束力。确立人口规划的基础地位，加强对劳动就业、社会保障、义务教育、基本医疗、社会救济、计划生育、外籍移民、户籍制度等规划、政策的统筹协调，把人口分布与城镇化发展、生产力布局有机结合起来。**三是**加快全员人口信息化，推进社会管理科学化、精细化。以公民身份号码为标识，建设统一共享的国家人口基础信息库，供政府部门和社会机构校准公民身份时使用。以个人为单位，建立人口服务管理档案，记载人口登记的基础数据项，以及应纳入城乡居民个人相关权利和义务事项的基本信息。依托人口服务管理档案，以强化人口信息服务带动人口信息采集，以发挥基层优势实现人口信息整合，健全实有人口信息动态管理机制。构建统一的人口服务管理信息平台，完善人口发展动态监测、综合分析、预警预报制度。建立公民信用档案和守信激励与失信惩戒机制，推进社会诚信体系建设。

再造城镇化进程中的“人口制度红利”

我国当前正处于人口城镇化的加速期。大规模的农村人口向城市集聚并引带大规模的人口流动，是解释我国当前多数社会发展问题的基础动因之一。科学认识这个动因，冷静应对这些问题，通过创造性的制度安排，将这一演进趋势引导到有利的方向，是我们各方面工作必须共同面对的问题。

一、我国城镇化的特殊形态与制度基础

长期以来，我国人口城镇化显著滞后于工业化的情况，作为一个重要的“中国特色”，被世人所热议。**从城乡人口分布与产业结构的对应关系看**，2010年底，我国常住人口的城镇化率接近50%，终于赶上了世界人口城镇化率的平均水平；但是同一年，我国的工业化率却高达40%，超出世界平均水平近一倍。按照钱纳里的世

界发展模型，一国的工业化率达到30%时，城镇化率可以达到60%；工业化率达到40%时，城镇化率一般在75%以上。在相同的工业化率水平下，我国的城镇化率比世界平均水平低20个百分点以上，这种情况在世界范围内是不多见的。**从城镇化与就业结构的关系看**，2010年我国二、三次产业就业比例为63%，按钱纳里的世界发展模型，我国城镇化率比就业结构相同的国家要低20个百分点以上。据统计，2010年我国有2.4亿农村劳动力在非农产业就业。**从经济密度与人口密度的对应关系来看**，受上述两方面因素影响，我国的经济集聚度远高于人口集聚度。2010年，全国地级及以上城市（市辖区）生产总值占全国GDP的61%，而人口只占全国的29%。长江三角洲、京津冀和珠江三角洲 3 大都市圈目前的经济总量约占全国的35%，而人口只占全国的15%左右；在日本，东京、大阪和京都 3 大都市圈，经济总量占全国的73%，人口也占到68%。这意味着，我国的城镇化进程，可以大规模地吸纳农村劳动力创造社会财富，但又使其大多停留在“流而不迁”的状态，而没有为他们支付相应的社会成本。

特殊的城镇化道路归因于我国特殊的人口管理制度，特别是人口基础管理和福利制度。工业化的积累阶段，我国在计划经济体制下，通过农产品统购统销制度集中了土地财富，同时又通过户籍制度限制农村人口进入城镇分享工业化利益，曾创造了工业化率超过35%、而人口城镇化率不足20%的世界奇迹。工业化的高速发展阶段，我国在市场经济体制下，依然依靠户籍制度，严格区分农村人口与城镇人口、区隔土地福利与城市福利，充分享受了农村廉价劳动力无限供给条件下，全面扩大非农产业就业而无须为此支付相应城市福利成本的“人口制度红利”，创造了二、三次产业国民收入超过80%、而人口城镇化率不足50%的又一个奇迹。

显然，以户籍制度为核心，依靠农村集体土地所有制，把多数农村人口吸附于社会成本较低的“土地福利”上，大规模吸收农村劳动力在非农产业就业，并运用较强的行政管控手段，把他们及其家庭排斥在社会成本较高的“城市福利”之外，是支撑我国人口城镇化长期滞后于工业化的重要制度基础之一。这种“人口制度红利”，随着户籍制度而产生；又随着这项制度的运行而维持；也将随着这项制度的逐步失效而消失。

二、新时期人口管理存在的“制度失效”

可惜的是，产生于计划经济时代的户籍制度，以及依附于其上的人口福利制度，经过30多年的改革开放，其有效性已经大打折扣了：

（一）“人户分离”现象的普遍化造成既有人口管理工具的失效

传统户籍制度是以人口管控为目标，依托属地制度和单位制度，附着劳动就业、义务教育、基本医疗、社会救济、计划生育、社会治安、政治选举等一系列政府社会管理功能的行政架构。这个体制几乎涵盖了政府全部的社会管理权能，维系着我国基本的社会秩序。其特点，**一是**对人口流动具有天然的排斥性，人口管理的固定性很强，特定地区的人口由该地区的政府负责配置相应的公共产品，责任清晰，界限分明。**二是**人口管控的效率较高，人口迁移后如果不能转移户籍，其身份识别和公民待遇在新的迁入地都将发生问题。在计划经济时期，这个体制的有效性是不言而喻的。但是，随着市场经济改革中人口异地迁移规模的不断扩大，“人户分离”现象大量产生，户籍管理与人口管理基本脱节，过去附着在户籍上的社会管理基础被严重削弱了。第六次全国人口普查数据表明，2010年，居住地与户口登记地所在的乡镇街道不一致且离开户口登记地半年以上的人口为2.6亿人，其中市辖区内人户分离的人口为0.4亿人，也就是说，有近1/5的人口基本脱离了户籍制度的有效管理半径。

（二）“社会人”的大规模产生造成既有社会利益平衡机制的失效

区分农村和城市这两类不同人口，设置来源于集体所有制土地的“土地福利”和来自政府财政支付的“城市福利”这两类性质不同的社会福利体系，并通过户籍制度，将两类福利予以区隔，是我国原有平衡社会利益的有效机制。农村人口可以依据农村户籍较为均等地获得土地收益，却很少能够得到财政性的社会保障；同样，城市人口可以依据城镇户籍获得财政性的“城市福利”，却基本不能得到土地收益。这种利益平衡机制，是我国在工业化高速发展时期能够有效控制人口盲目进入城市、未造成城镇化“贫困陷阱”的基本原因。但是，随着人口迁移规模的不断扩大，离开了原有福利单位却因户籍制度的限制无法进入另一类福利体系的人越来越多，原有的利益平衡被逐步打破了，一系列新的社会矛盾大量产生：如农村流出人口的土地承包权问题、由农村流入城市的人口在农村地区的合法权益保障问题、失地农村人口的均等财政性保障问题、异地就业的城市人口及家属跨区社会福利管理问题和公共服务均等享有权问题，等等。由于我国的社会福利管理对户籍制度的依赖性太大，导致户籍人口与非户籍人口的劳动权、居住权、福利权、教育权、医疗权等基本权利，在特定行政辖区的特定财政能力下，很难获得平等对待，事实上造成了数量越来越多的居民待遇歧视，社会积怨渐生。户籍制度下的社会利益分类平衡机制，已不适用于人口自由迁移条件下的社会管理。

（三）政府公共服务职能的强化造成“管控型”人口管理体制的失效

户籍制度下的人口管理，着眼于人口的管控，以维护社会安全为主要目的，通过人口出生、死亡和迁移的登记，实现对人口的行政控制。在这种情形下，具有巨大社会能量并能够不断产生多样性管理需求的人口，必须作为一个简单的社会符号来管理，由此产生了我国人口管理体制的两个明显特点：**一是**管理业务的单一性。人口管控下的人口基础管理，起点于人口登记，延展于人口统计，落实于人口管制，其管理业务不便于包容更为多样性的人口管理内容。随着单位社会管理功能的不断弱化，政府公共服务功能的不断增强，人口基础管理业务设计过于单一所造成的不适应性日益显现。**二是**管理体系的单一性。人口管控下的人口管理，依赖于行政指令，保障于行政执法，其管理体系只能由自上而下的行政机构包揽，既不便于社会公民自治组织的参与，也不便于为其他的公共事业机构开辟管理接口。随着政府公共服务领域的不断拓展、社会组织发育水平的不断提升，人口管理体系与多样化的社会管理组织衔接不畅的缺陷日益显现。正是由于我国人口管理体制这种带病运行的状况，导致承担政府公共服务管理职能的其他行政机构，开始放弃与人口基础管理部门衔接的努力，试图各自独立开辟管理渠道和管理载体，大规模占用财政资源，不但推高了人口管理的行政成本，而且也进一步损害了人口管理的行政效率。人们普遍认为，我国现有人口管理体制不能有效支持日益复杂的人口管理需求，已成为当前最迫切需要解决的问题之一。

必须客观地承认，现阶段我国人口管理出现的“制度失效”现象，正在日益销蚀着曾为我们的经济社会发展带来奇迹的“人口制度红利”。继续维系这个制度体系所要支付的社会成本，已经远远超过了它能带来的社会收益。要创造新的奇迹，必须依靠新的“制度红利”。

三、打造新时期发展的“人口制度红利”

新的发展支撑主要来源于科技进步和劳动者素质提高。大规模地提升人口质量，高效率地形成人力资本，既是较快提高全要素生产率的基础条件，也是打造人口管理新“制度红利”的逻辑起点。我们认为，这样的人口管理体制应该具备以下几个要件：

（一）要为“优先投资于人”的战略重心提供管理保障

一个国家的人口管理体制，通常是由这个国家特定时期的行政重心决定的。我国历史上，曾出现过以军事为重心的“兵役型人口管理”、以税赋为重心的“赋役型人口管理”、以提高工业积累为重心的“管制型人口管理”。当前，人口管理的行政重心应该逐步转移到控制人口数量、提高人口质量、促进人力资本的形成上来。形成人力资本的管理因素较为复杂，一般与涉及人口数量控制、促进健康素质、文化素质和道德素质提升的行政事项相关，主要依赖生育、教育、健康、就业、迁移等公共服务管理部门。这与“管制型人口管理”主要依赖社会安全保障部门的情况有很大不同。新时期的人口管理，必须首先适应这种管理转型的需求。

（二）要为人力资本形成提供多方位的管理衔接

新的人口管理体制，必须能够支撑和衔接涉及人口发展的所有公共服务领域，其基本框架应该是：建立城乡统一、区域统一和民族统一的人口登记制度，整合人口出生、婚姻、死亡和迁移登记的相关职能；制定全国统一的国家人口发展规划及人口政策，并在国家人口发展规划指导下，制定适合地方发展需要的区域人口发展规划及人口政策；组织全国统一的国家人口立法，并在国家人口立法的约束下，建立与区域人口发展规划相适应的人口法律体系；实施全国统一的人口发展状况监测和人口统计，建立开放的全国人口信息公共平台，依法为与人口发展紧密相关的各政府行政机构、公共服务事业单位及公民自治组织提供基础信息服务。这个体系框架，着眼于人口服务，为保障人口发展与经济、社会、政治发展的协调性，通过人口统计、人口监测和人口规划，为就业、教育、医疗、养老、社会救济等社会公共服务领域提供底层管理条件。

（三）要创造人力资本有序流动的管理环境

人力资本的价值，是在与自然资源和物质资本的有机结合中实现的。有效保持劳动力的自由流动，是促进人力资本形成不可或缺的基础条件。传统的人口管理，以具体的“户籍人”为工作对象，必须尽量降低人口流动的规模和频率，为人口管控提供封闭的管理条件。而新的人口管理体制，则重在掌握人口迁移流动信息，对人口迁徙权没有内在排斥性。此外，传统的人口管理，依赖相对固定的人口户籍地，因此在行政实践中，不得不严格区分异地人口的身份，并在客观上造成公民待遇的不平等。而新体制则为实现人口发展的均等机会，着力衔接人口流出地和流入地的相关公共服务部门，必须立足于均等的公民身份，保障并持续维护居民身份的均等。

毫无疑问，上述要件在我国人口管理的传统制度“基因”中是欠缺的。但是，我国改革开放以来，为应对大规模的人口流动，已经客观上形成了一些新体制需要的生长点，应该引起我们的重视。比如，身份证制度对户籍管理的冲击，已使户籍地管理为主转向现住地管理为主成为可能；居住证制度的探索，已使非户籍人口融入城市成为可能；流动人口城市福利保障方面的努力，已使部分公共服务项目脱离户籍的束缚，转入实有人口现住地管理；一些公共服务部门根据新形势的要求，独立建设新的管理渠道，已使部分公共服务项目实现了户籍人口与流动人口的均等化享有；社区管理对传统“街居制”日益明显的影响，已使“单位人”管理转向“社会人”管理找到了适用的管理载体，等等。这些新的生长点，有的与其他制度重叠，不够简洁；有的与其他制度衔接不够，缺乏协调；有的与其他管理渠道并行，效率不高；有的缺少法律支撑，稳定性不足；但是它们适应新的形势，体现新的原则，具有新的生命力。要充分利用我国城镇化加速的有利时机，在创新社会管理的过程中，适时推动人口管理体制的整体改革，打造我国新时期新的“人口制度红利”。

重构新时期人口基础管理框架

社会是由人组成的，社会管理说到底是对人的管理。人口管理涉及范围宽、涉及主体多、涉及事务杂，但往往要在政府人口管理所提供的特定身份识别和公共服务基础上进行。从这个意义上说，政府人口管理，既是社会管理得以构造的基础，又是社会管理得以运行的保障。社会管理创新，不在这一领域突破，很难进展；不在这一领域上聚焦，很难落实。

人口基础管理，是整个政府人口管理体系的底层构造。本文试图对我国社会管理创新中的人口基础管理转型问题加以分析。

一、我国政府人口管理与人口基础管理现状

政府人口管理是实施各项行政职能的基础。我国是一个实行中央集权制行政体系历史久远的国家，政府人

口管理的制度十分完备。从秦汉魏晋时期的“乡里制”，到唐朝的“乡保制”、宋朝的“都保制”、元朝的“村社制”、明朝的“里甲制”、清朝的“保甲制”，再到民国时期“户籍制”，历代统治者已经建立了相对规范的人口登记、统计和管理制度，涉及人口出生、死亡、流动、迁移及社会关系等方方面面的内容。

我国现行的政府人口管理体制，就是在这样的历史传承下形成的。目前的管理以户籍制度为核心，通过区分农村人口和城镇人口两类人口，依托单位制度和属地制度，对人口登记、人口统计、人口监测、社会福利、社会救助及其他涉及居民公共服务的事项进行管理。从中央政府层面看，在国务院的各个组成部门中，直接参与人口管理的部门有13个，其中：发改委承担拟订和协调人口发展政策的职责；公安部负责户籍登记、出入境管理、移民管理；民政部承担社会救助、社会福利、社会优抚职责，并承担婚姻、殡葬、收养等管理；人社部承担劳动就业和社会保险管理、职业培训、劳动权益保护、国民基本风险保障等服务；住建部承担保障城镇低收入家庭住房职责；教育部承担义务教育、普通高中教育、幼儿教育、特殊教育、职业教育、成人教育和扫盲管理职责；卫生部承担公共卫生、疾病防控、医疗保健和预防、减少出生缺陷与先天残疾等服务职责；人口计生委承担人口规划、人口发展战略研究、人口流动和分布监测、计划生育管理服务、生殖健康服务等职责；文化部承担推进公共文化服务职责；外交部承担海外领事工作、海外侨务工作、会同处理移民事务；民委承担民族识别和民族成分管理职责；人民银行承担社会信用体系的建设推动工作；国防部负责兵役管理及预备役动员职责。此外，在国务院直属机构中，统计局负责人口统计和人口普查工作；体育总局负责全民健身计划和国民体质监测等职责；在国务院办事机构中，侨办负责归侨侨眷工作；在国务院直属事业单位中，社保基金理事会负责社会保障基金的管理。

这些职能大体可以归纳为三类：**一是**人口基础管理，如人口登记、人口统计、人口规划、人口监测及人口基础信息管理等；**二是**人口专项管理，如治安管理、选民登记、移民管理、兵役管理、民族管理、特殊人群管理；**三是**人口公共服务，如教育、就业、社会保障、社会救助、卫生、计划生育等。其中，人口基础管理的运行，是政府履行其他有关人口服务和管理职能的基本前提。新时期的人口管理转型，关键在于人口基础管理的转型。

二、人口基础管理转型的基本要求

按照社会管理创新的基本宗旨，适应经济社会又好又快发展的需要，新时期人口基础管理的转型应当满足以下要求：

（一）确立“人口服务”的管理宗旨

我国原有的人口基础管理体制，是在计划经济时代，为加速工业化的原始积累，严格划分城乡户籍人口、有效分隔“土地福利”和“城市福利”而逐步构建起来的，具有鲜明的“人口管控”特点。有效控制管理对象的行为，是任何管理得以实施的必要条件。但是，这种管理必须受到其管理目的的引导、管理道义的约束和管理条件的限制。第二次世界大战后，多数先行国家的行政重心逐渐向社会福利管理转移，他们的人口基础管理，普遍形成了一种以“人口服务”为主的新体制。这种体制并没有放弃人口的管控，只是这种管控的核心目标是人口服务，基本手段是人口服务，表现形式也是人口服务。它将管控寓于服务之中，而不是相反。我国社会转型下的人口管理，显然也面临着类似的调整。

（二）满足人口自由迁徙的权利

管控型的人口基础管理，服从于计划经济体制的需要，以最大限度地控制人口自由迁徙为目的。改革开放后，大规模的人口跨行政区流动和大量“社会人”的产生，严重冲击了这个体制的正常运行；随着人口转型期人口迁移规模的进一步扩大，这个体制面临着更大的挑战。其实，国际上多数先行国家都曾经历过限制人口自由迁徙的管理时期，但是在市场经济的销蚀下，最终被新的制度取代了。我国的人口基础管理转型，应大幅度取消原有管理对人口自由迁徙的不合理限制，保障人口发展的均等机会，将以人口户籍地为主的管理方式，改变为以人口现居住地为主的管理方式，着力人口流出地和流入地的信息跟踪，衔接人口流出地和流入地的相关公共服务，在实现基本公共服务均等化的过程中，建立有利于保障和再造均等居民身份的人口管理机制。

（三）着力公共服务的部门衔接

管控型的人口基础管理，起点于人口登记，延展于人口统计，落实于人口管制，其业务不便于包容更为多样性的人口管理内容。这种管理依赖于行政指令，由自上而下的行政机构运行，既不便于公民自治组织等社会组织的参与，也不便于为其他的公共事业机构开辟管理接口。目前，这种状况已不能适应日益复杂的人口管理需求。服务型的人口基础管理，在职能设计上，必须有利于支撑和衔接涉及人口发展的所有公共服务领域；在管理主体上，必须有利于创造行政组织、公共服务机构、公民自治组织等共同参与的格局，形成多级政府、多个部门、多元组织有效协同的综合治理体系。

（四）落实行政职能的社区整合

社会政策依托单位制度来落实、社会福利通过单位福利来兑现、人口管控借助单位管控来实现，是原有人口管理体制的一个重要特点，也是造成我国社会管理领域诸多不平等的一个主要原因，又是当前实施社会管理体制改革不得不突破的一个基本着力点。改革开放以来，“单位办社会”的原有机制仍然存在，有些地方甚至形成所谓“工厂政体”，在新的条件下进一步强化了单位制度。新的人口基础管理，必须让“单位人”还原为“社会人”，以居民社区为基本载体，实施属地管理制度，整合政府、社会组织和公共服务机构等各种力量。

三、新时期人口基础管理的基本框架

按照新时期人口管理转型的基本要求，我国人口基础管理的体系框架应包括以下组成部分：

（一）实施人口规划

确立人口规划的行政约束力。制定并实施人口发展规划。通过有约束力的人口发展规划，统筹协调劳动就业、社会福利、义务教育、基本医疗、社会救济、计划生育、外籍移民、户籍制度等社会管理长期计划。

提高人口规划指标的行政调控力。依据人口规划协调公共服务和社会管理政策。人口规划是在特定财政能力下实现特定人口发展水平的纲领性目标，应该成为调节公共服务和社会管理政策的基础性变量。

实施人口动态监测。运用人口规划，监测政策效果、评价行政效率、考量机构业绩。人口规划提出的特定地区特定时期人口发展的约束性指标，应成为衡量社会管理水平的主要依据。

（二）整合人口登记

整合人口登记管理。整合人口出生、婚姻、流动迁移、死亡和选举等登记管理职责，形成简约、有效、统一和动态的人口登记制度。

建立人口基础档案。以公民身份号码为标识，记载人口登记的数据项，以及应纳入城乡居民个人的相关基本国民权利和义务事项，如户籍、教育、兵役、婚姻、医疗、护照、计划生育、就业、纳税、社会救济、社会福利等。该档案以公民个人为单位建立，只登记基础信息，各事项的详细内容由具体负责该事项的职能部门登记建档。

形成有效的人口信息校核能力。人口的流动性，决定了人口信息校核的必要性。信息校核的技术手段，不能代替实际的人口信息校核管理。有必要在基层建立专业的人口动态信息校核队伍，为各社会管理部门提供统一的信息校核服务。

建设全员人口信息公共服务平台。运用分布在各部门的人口信息，实现基础信息统一采集、专业信息分部门采集，基础平台统一建设、专业平台分散建设，基础业务统一支撑、专业事务各自完成的格局。减少和防止竞相设置基层工作机构、重复开展基础工作等问题。

（三）统一信息服务

建立专业的人口信息服务机构。改变目前人口信息服务无专门法律保障、无专门机构支撑、无专项法定职责的状况。通过人口基础信息的采集、整理、校核、存储和共享，形成人口信息服务能力。

建立公民身份号码为中心的人口识别机制。构建其与其他法定居民证照编码的对应关系，作为人口基础档案与专项具体档案相互连接、检索、查询的工具。

建立基于人口基础档案的人口信息服务机制。人口基础管理部门通过基础档案，承担对各类政府行政机构、公共服务事业机构及公民自治组织提供人口基础信息服务的职责；负责人口基础统计工作；形成对居民个人实施公共服务的统一基础工作平台。人口出现跨行政区域的迁徙时，由人口管理部门通过基础档案，负责流（迁）出地和流（迁）入地的相关信息衔接，并协助其落实在迁入地的各项基本权利。

建立城乡两类社会福利的核算工作平台。在实行城乡统一的人口登记制度后，继续保持区分城市福利和农村土地福利这两类不同福利的能力，并为相关福利机构提供两类不同福利的核算、换算服务。

（四）实现社区管理

强化社区人口管理能力。社区管理是实施人口管理的基础节点，也是衔接各项政府公共服务的重要枢纽，因此成为构建服务型人口管理体制的关键环节。改革以“户籍管理+单位制度”为基本支撑的现行社会管理体制，探索建立新时期以“人口登记+社区管理”为基本支撑的社会管理体制。

建立社区人口服务管理站。一般来说，社区站设置在城市的街道委员会和农村的乡（镇）政府。有条件的地方，社区站可以在居民密集区派驻工作人员，开展到户到人的服务管理工作。具体承担人口登记及各类社会福利、社会救济及其他有关公民权利和义务事项的落实。

实施人口基础信息采集与校核。实现在基层（社区）人口基础信息统一采集；在县（市、区）人口基础信息服务及其相关信息分部门管理。

衔接政府公共服务项目。政府承担的基本公共服务项目，在县级统一规划、合理配置，整合乡（镇、街道）负责这些服务项目的职能部门，以集中使用公共服务资源，降低运行成本，提高利用效率。这些服务项目与辖区居民的衔接工作，交由社区人口服务管理站负责。

衔接社区内公益服务项目。由城市居民委员会或农村村民委员会按照自治原则自设的社区服务项目，一方面必须严格与政府承担的基本公共服务项目分开，不能占用公共管理资源；另一方面，要与政府服务项目有机协同，此时，衔接工作可通过社区人口服务管理站进行。

毋庸讳言，重建人口基础管理框架，需要修改一批有关社会管理的法律和法规，调整一些政府管理职能和机构。在我国经济社会面临深刻转型的今天，由于原有人口管理体制的不适应带来的社会困扰越来越多，人口城乡间、区域间迁徙规模带来的社会压力越来越重，政府公共服务项目急剧增加带来的体制重构需求越来越大，人口基础管理体制的改革已刻不容缓。

深圳和珠海人口管理模式的比较

在社会管理创新中，人口管理模式的选择，是个很令人纠结的事。人口管理复杂而多面，既有维护社会秩序的一面，又有实施公共服务的一面；既有落实属地管理的一面，又有加强流动管理的一面；既有保持宏观调控的一面，又有细化社区网络的一面；此时彼时，孰重孰轻，颇费思量。为此，国家人口计生委课题组前往在社会管理创新上经验丰富的广东省，就深圳市和珠海市的人口服务管理模式进行了调查，受到较大启发。

一、同类城市，不同模式

深圳和珠海，同在珠江三角洲，同处改革开放前沿，又同时被国务院授权成为对外开放经济特区，在很多方面具有相似性。但是在人口管理的模式上，两个城市却有着两种不同的实践：

——深圳的实践：以“人口管控”为主的模式

深圳目前常住人口1036万，其中外来人口798万左右，约占77%，是个以非户籍人口为主的城市。3年前，深圳在国内率先实行了流动人口居住证制度，试图以居住证管理替代户籍管理，但是由于外来人口的流动性很大，目前已登记居住证的人口高达3000多万，因此还难以放弃户籍管理，于是形成了现在户籍人口与非户籍人口双轨管理的模式。

对户籍人口，深圳的管理方式与国内其他地区并无明显不同，主要依托户籍制度，立足居民社区，衔接各项城市公共服务管理。为协调各相关部门的关系，在街道专门设立了社会管理工作站，整合卫生、计生、民政、劳动、教育等服务职能，具体落实各种公共服务项目，基本能够到户到人。由于相关公共服务管理多属政府行政职能，因此户籍人口的管理，以政府牵头为主。

对非户籍人口，深圳的管理则有高度管控的特点，主要依托居住证制度，立足流动人口和出租屋管理，衔接各项城市社会治安管理工作；其相关社会福利，基本交由这类人口的就业单位负责。为落实对流动人口的严格管控，街道专门设立了维护社会稳定及综合治理办公室，与流动人口和出租屋管理机构合署办公，形成了党委维稳办、党委综治办、政府流管办、公安派出所、地方人民武装部和户籍居民自治组织“六位一体”的工作体系，实施十分细致周密的流动人口管理。由于社会维稳和综合治理都是党委政法委的职能，因此非户籍人口的管理，事实上以党委牵头为主。

深圳模式的特点在于侧重对非户籍人口的管理上。这类人口占总人口的绝大多数，所以可以把深圳模式称为以“人口管控”为主的模式。

——珠海的实践：以“人口服务”为主的模式

珠海目前常住人口156万，其中外来人口50多万，约占1/3。与深圳不同的是，珠海的人口管理并不着力区分户籍人口和非户籍人口，而着力于外来人口的有序引导和社会融入，因此形成了一种以宏观管理、服务管理和信息管理相结合的管理模式。在人口宏观管理方面，以人口均衡发展规划为载体，以《常住人口指标卡》和《外来人员就业证》为工具，对常住人口和暂住人口的迁移变动进行管理。在服务管理方面，以镇街政务综治中心、社区服务中心和流动人口服务管理中心为载体，以社保“渔女卡”为工具，捆绑各类公共服务项目，结合人口登记、统计、监测多项职能，对全体市民进行均等的服务管理。在信息服务方面，以“自然人口基础数据库”为平台，由市政府信息中心牵头，统筹现有公安户管员、计生指导员、劳动用工监察员、社区服务志愿者，深入社区采集人口信息，衔接涉及人口管理各部门的相关行政事项。在珠海，市委新成立了社会管理工作部，统筹社会管理与人口管理。

珠海模式的特点在于户籍人口和非户籍人口的统一管理上。唯其如此，珠海把用于户籍人口的方法用于非户籍人口，所以能够将“人口服务”与“人口管控”结合起来，并把“人口管控”寓于“人口服务”之中。从这个意义上讲，我们把珠海模式称为以“人口服务”为主的模式。

二、先行国家的启迪

深圳和珠海两种模式，生长的环境不同，解决问题的基本逻辑不同，追求的行政目标不同，是非成败，目前评判还为时尚早，需要由历史来检验。但是，日本等先行国家已经走过的道路，倒是可以换一个角度给我们以启发。

1825年，日本长州藩内开始实施《户籍法》，成为日本现有户籍制度的起点。当时的户籍制度，把社会成员分为士、农、工、商四个阶层，不能自由改变身份，也没有自由迁徙的权利。居民如果需要进入另一个城市，必须申领相应的证明，作为临时凭证。居民长期居住在非户籍地，属于违法行为，幕府会定期将其遣返。1868年的明治维新，取消了士、农、工、商的划分，使居民在法律上享有了平等地位。1872年，全国统一的《户籍法》实施，公民获得了自由迁徙权。1952年，《日本居民登记法》实施，人口登记制度开始确立。当代日本完全没有户籍限制，公民享有自由迁徙的权利，人口迁移只需办理有关手续即可。

当前日本的人口管理分为“本籍地”和“居民票”两个部分。

“本籍地”相当于我们的户籍制度。主要记载姓名、住址、户主、房产四项内容，由本人户籍所在地的行政部门保管。日本人法定20岁算成人。成人之前，户籍随父母，不能独立设户；一旦成人，户籍就可根据需要自由改变。由于“本籍地”除了进行出生登记、死亡登记和血缘关系证明外，与居民的日常生活关系不大，因此目前在日本人口管理中的作用被大大弱化了。

“住民票”相当于我们的居住证制度。主要记载姓名、出生年月、性别、户主、户籍（无本籍或者本籍不明者需填写该项）、迁入本地日期、现居住地、选举资格、国民保险、社会救济特别保险、养老金、粮食补贴、儿童补贴以及除了上述内容外的其他政令规定信息。居民在迁入新城市前，首先要到原住地政府办理“住民票”迁出证明；搬入新住址后14天内，要到新住地政府办理迁入登记。由于“住民票”在进行选举或候选登记、接受义务教育、办理国民健康保险、退休金保险、纳税时都需要出示，应用非常广泛，因此目前已经成为日本实施人口管理的主要工具。

从日本“本籍地”和“住民票”一衰一兴的演变中，至少可以得到三点启示：**一是**在依法保障公民身份平等和迁徙自由的社会条件下，传统户籍制度的有效性是很难持久保持的。**二是**对人口实施有效管理，是在公民依法享受各项社会权利的过程中实现的。单纯依赖公民社会义务而不能相应提供公民社会权益的制度是不可靠的。**三是**在强调政府必须为公民提供均等公共服务的今天，通过“人口服务”实施人口管理，应该成为新时期人口管理的常态。

三、新时期人口管理模式的思考

日本的“住民票”制度是1968年以后实施的，这与这个时期日本政府开始扩大公共服务事项、增加国民社会福利的转变息息相关。其实，欧洲各国在第二次世界大战后，随着政府行政重心不断向社会保障领域倾斜，也都经历了人口管理从“人口管控”为主向“人口服务”为主的转变。从调查中可以看到，我国目前日益明显的社会转型，正强烈呼唤着人口管理模式的转变。深圳和珠海的情况说明，这种抉择已经来临。

——管理理念不同，实践模式不同

深圳和珠海在执行党中央关于加强和创新社会管理的部署方面同样坚决、积极，但是在人口管理实践上呈现差异，这种差异首先来源于不同的管理理念。深圳人口规模大，外来人口比例高，人口服务的负担重，坚持实施户籍人口与非户籍人口的分类管理，情有可原。但是，坚持了我国传统区分农村人口和城市人口、区隔“土地福利”和“城市福利”的社会管理方式，就必然要沿用传统户籍制度依赖身份识别配置公共服务资源的管理模式，也必然造成不断维持和再造公民社会权益不平等的事实。珠海模式的关键，在于打破了公共服务资源分配依赖身份识别的传统做法，使它得以在新的框架下重新进行制度安排。传统模式的制度体系是周密的，相互勾连的关系是复杂的，保持自身生存的惯性也是很大的。是否能够下决心摆脱这种惯性，直接取决于我们管理理念的改变。

——管理重心不同，实践模式不同

深圳实施户籍人口与非户籍人口的分类管理，有一个重要的原因，是传统产业的外来务工人员在人口总量中的比例很大。目前深圳正下大力气调整产业结构，进行产业升级，实施“腾笼换鸟”，因此人口管理的重心，不在于构建均等化配置公共服务资源的社会管理体系，而在于调整外来人口结构，吸引新兴产业需要的高素质人口，限制传统产业依赖的务工人员，保障人口素质的提高。这导致近年来深圳实施“人口管控”，较之其他城市更为严厉。珠海在经济发展格局上，与其他城市选择了不同的路径。前些年，珠海实施了以建设珠海大学城为核心的高素质人口引进战略，坚持经年，颇显成效，目前大学以上文化程度人口的比例在广东省是最高的。因此，珠海人口管理的重心，是保持对外来高素质人口的强大吸引力，招才引智，以人引资，形成城市发展的“后发优势”。这导致珠海能够大胆突破以身份识别配置公共服务资源的传统做法，在国内率先实施人口管理的转型。同样是人口管理，一个重心在“轰人走”，一个重心在“引人来”，模式的选择当然不会相同。

——职能主体不同，实践模式不同

不同职能部门由于行政授权、管理职责、业务范围及工作视角不同，人口管理模式取向也不同。社会安全保障部门，立足于社会秩序的稳定，一般倾向于“人口管控”，这与他们的工作性质有关，无可厚非。社会公共服务部门，立足于社会福利的发展，从实际工作需要出发，一般倾向于“人口服务”，希望人口管理体制尽快转型，也在情理之中。国际先行国家在“人口管控”为主的时期，人口管理的主要执行部门一般放在社会安全保障部门；而在“人口服务”为主的时期，则通常放在社会福利保障部门。日本的“本籍地”制度由法务省负责执行，而“住民票”制度则主要依靠厚生劳动省来执行。珠海选择人口均衡型社会建设路径，探索“人口服务”模式，市委成立社会管理工作部，推进社会与人口服务管理综合改革，体现了工作职能的转变和工作重心的转移。我们感到，综合协调部门的选择这一点也很重要。

英国人口管理的实践与启示

当前，我国正处于工业化的中后期，人口管理模式尚未定型。英国是世界上最早实现工业化的国家，人口管理模式日臻完善。纵览英国治道变革的实践探索和是非得失，我们可以得到一些十分有益的启示和借鉴。

一、英国人口管理体制的历史演进

从农业社会到工业社会转型发展的历史时期，随着工业化的深入推进和社会保障的建立健全，英国人口管理经历了从“管控型”到“服务型”的嬗变。这一历史进程，大致可以分为以下几个阶段：

第一阶段：从圈地运动到工业革命前夕，限制人口流动。15世纪末，地理大发现后，英国贵族为了获得更大的收益，掀起大规模的圈地运动，导致农业生产资料与劳动者相分离，资本主义特征的大农场和工场手工业迅速发展。失地农民被迫离开家园，以流民的形式进入城市谋求生计，由于城市部门还不能提供大量就业机会，贫困、失业现象急剧增加，社会动荡不安。为维持经济社会秩序，英国政府恩威并施，一方面开展了有限的救济；另一方面出台了一系列严厉的惩罚和镇压措施。1563年，议会制定《手工业法》，规定12—60岁的人都必须工作，治安法官可以命令任何人在农忙季节干农活，工人的迁徙权受到严格限制，任何人都不得在没有书面许可的情况下离开其住地，否则将受到逮捕和遣送。1601年，颁布了《伊丽莎白济贫法》，史称“旧济贫法”，这是国家通过立法形式介入社会保障事务的一个重要里程碑。该法是一个比较全面的济贫法案，将原来分散化、应急性的济贫事务转化为国家的一项基本职能，确定了地方责任、定居和遣送、家庭主要责任3项原则，规定：各个教区（地方政府）应向居民征收济贫税，为本地没有劳动能力的贫民发放救济；对于外来流浪人员则一律予以遣送；家庭对扶助贫困的子孙或长辈承担主要义务。1662年的《定居法》授权治安法官可以遣送任何在40天内到达本地而又需要或在将来可能需要救济的人，加剧了对穷人迁徙自由的限制。

第二阶段：工业革命时期，逐步放宽对人口流动的限制。社会生产力巨大发展，经济效率持续改善，产业结构剧烈变化，劳动分工和专业化拓宽了就业空间，开始了现代意义上的农村剩余劳动力向非农产业的转移，英国一跃成为“世界工厂”。在此过程中，英国不断消除限制人口流动的制度障碍。1795年颁布《贫民迁移法》，放宽了人口流动限制，允许居民在规定的教区内迁移；1834年修改《定居法》，使居民在原定居地之外获得居住权更加容易；1846年修改《贫民迁移法》，禁止对在某一教区居住5年以上者遣返原籍，自此使限制农村劳动力进城定居的政策名存实亡。据统计，1688年英国劳动人口中有75%从事农业，1801年、1841年分别下降到36%和26%。农村劳动力转移以兼业化、季节性就业、就地就近转移为主。由于人口总量增长较快，农业人口的绝对规模继续增加。

这一时期，对济贫实施了全国统一管理。为削减救济开支，1834年通过《济贫法修正案》(又称“新济贫法”)，第一次全面以社会政策的方式规定接受救济的人应给予一种比独立的劳动者低的生活标准，这成为以后福利政策的基本思想；确立院内救济原则，在全国兴建济贫院，要接受救济的人必须经过严格审查，只有真正的赤贫之人才能进入；建立完善的济贫管理体系，中央成立济贫法部；以院内救济为主，也允许少量的院外救济，这些人往往是寡妇、暂时性残疾的人、老年人等。鉴于济贫院的生存条件极其恶劣，政府在19世纪末20世纪初进行了改革，改善济贫院的环境。

以济贫制度为主要形式的社会保障活动具有三个显著特点：**一是**性质上，属居高临下的施舍型。把贫困作为贫民个人道德原因或失误造成的“病态”现象来处理。贫民并不天然具有获得救助的权利，他们能否获得救助、救助能否解决生存危机，完全取决于统治者，甚至要以牺牲人格尊严或接受惩罚为条件。**二是**目的上，属统治者的“怀柔术”。济贫不是为了真正解决贫困现象，更不是保障社会成员的生存权利，而是防止被统治者反抗。**三是**保障项目极其有限，保障水平极端低下，不可能有效解决贫困问题。

第三阶段：从19世纪后期到第二次世界大战，农村劳动力市民化。经济社会变革中，产生了严重的城市贫民问题，1889—1901年，伦敦居民中有30%生活在贫困线以下，远低于技术工人的平均收入。贫困问题在威胁治安、卫生与道德的同时，还严重影响了人口素质，不仅文盲率很高，而且身体素质也很差。1899—1902年英布战争过程中，英国急征44万大军开赴南非作战，而应征入伍的人中，只有2/5身体合格。虽然英国最终“惨胜”，[①]但英国官方已经看到，如果不立即改善国内贫民的生存状况，大英帝国很快就将无兵可用。在这种情况下，英国政府逐步把社会事务纳入法制化轨道，尽可能照顾更多的社会成员、顾及更多的社会需求，初步建成现代社会保障制度框架，提供更多的公共服务。1906年，英国自由党在工会和工党的支持下战胜保守党上台执政，开始进行全面的社会改革。**首先**，使用立法手段统一原来分散的社会保障制度，建立社会保险体系。1908年通过了《养老金法》，规定国家为年满70岁、年收入低于21英镑的老年人提供每周5先令的养老金；1909年通过《劳工介绍法》，建立劳工职业介绍所；1911年颁布了第一个全国性的和强制性的失业保险法，但保险范围仅限于建筑、造船、铸铁等7个就业状况不佳的行业。**其次**，开始建立社会福利制度。1906年颁布《教育法》，规定学校应为贫困家庭儿童提供免费膳食；1908年的《儿童法》强调在全社会禁止虐待儿童和少年；在卫生保健方面，规定所有工资收入者都应参加医疗保险，在指定医院免费就医。在改革的过程中，自由党政府以增加烟、酒、汽车、汽油税收的办法

① 英布战争延续了2年7个月。英军消耗战费2.5亿镑，死亡21942人；布尔人死于战场3990人，死于集中营27927人。

来获得所需要的资金，以国家财政来保证社会保障制度的建立与实行。

与此前的济贫制度相比，社会保障制度有了质的飞跃。**一是**施舍式的社会救助发展成为公民的法定权利。人们逐步认识到，贫困是一种社会现象，主要是由于社会和经济因素造成的，国家应该采取措施解决。社会保险不再是统治者的恩赐与怜悯，而是国家和社会的一项应尽职责，社会保险的提供者与享受者在法律上处于平等地位。**二是**社会保险属于制度化保障机制，实现了由济贫时代的不确定性、临时性到稳定性、经常性的转变。**三是**由雇员、雇主共同出资和国家资助建立的社会保险制度，真正确立了社会责任与风险的共同分担机制。济贫法作用逐渐减弱最后完全被废止，它的各项救济措施被纳入社会保障体系。

农村劳动力转移随之发生实质性变化。农村转移劳动力由兼业、季节性就业、迁徙就业转变为依靠非农产业稳定就业，逐渐适应工业化和城市化的生产生活方式，城市化的生活形态成为主要选择，农村劳动力基本完成市民化过程。随着全国性工会组织的兴起，劳资双方的不平衡状况得到改变，一系列的政府政策顺应了时代变迁的要求，提高劳动者的谈判地位、收入水平和社会地位，有效缓解了劳资关系。农业和农村人口规模持续下降。英国成为世界上第一个真正实现城市化的国家。

第四阶段：第二次世界大战以后至今，城乡一体化发展。在后工业化时期，英国政府在人口管理方面的核心工作是建立完善社会保障体系。在《贝弗里奇报告》的建议下，1946年颁布《国民保险法》和《国民医疗保健法》，1948年颁布《国民救济法》，三个法律的实行标志着英国建成福利国家，保险覆盖面遍及全体公民，保险项目达到“从摇篮到坟墓”的水平。从机制上看，“二战”前分散的社会保障项目主要立足于防止少数社会成员因贫困而陷入绝境，而战后社会保障制度则立足于为全体社会成员提供普遍的生活保障，为现代集约化社会大生产的劳动力再生产提供保障。这就是说，英国的社会保障制度已经成为其经济体制的组成部分，从而完成了质的转变。与此同时，政府对经济生活进行广泛的干预，实行充分就业政策、全面健康服务等配套政策，将公民全面的福利与国家的制度安排紧密结合起来。上世纪70年代以后，英国的社会保障制度面临日益严重的财政危机。80年代，以撒切尔夫人为首的保守党政府推出了一些改革措施，1997年工党执政后，继续对英国的社会保障制度进行调整，但均未超出制度微调的范围。这一时期，农村劳动力稳定转移，大、中、小城市趋于协调，城乡生产率差距缩小，实现了城乡经济社会关系的再造，城镇化水平稳定在80%左右。

二、对我国人口管理的启示

尽管政治体制、文化传统明显不同，但是，我国现阶段的许多人口问题在英国发展过程中都不同程度地出现过，英国人口管理的实践可以给我们多方面的启迪。

（一）强化服务型人口管理理念

人口是全部经济社会的主体，从这个意义上讲，英国工业化和现代化的发展史也是一部人口管理从管控到服务的转型史。“二战”以来，英国无论工党执政还是保守党执政，尽管政策选择理论基础不同，改革的重点也不同，但思路和目标是一样的，都是遵从服务型政府理念，以有利于发挥个体的自由、组织的自主和社会的创造活力为核心，促使政府提供更好的公共服务。实践充分证明，政府的权威不是来自其强制力，政府只有从人民的根本利益和现实需求出发，努力为公众提供优质、高效的公共服务，才能获得合法性和正当性。在我国，党中央做出了“建设服务型政府”的战略部署，各级政府都很明确转变执政理念和创新执政方式的重要性，但“管控型”的思维方式还没有根本改变。随着市场机制的健全和人们民主法制意识的增强，新型人口管理需要从“以管为本”转变为“以人为本”，从“国家权力本位”转变为“社会权力本位”，从“政府为中心”转变为“以公民为中心”；从自上而下单向的管控转变为以政府为主导的协商对话和共同治理；从以行政手段为主转变为以法律手段和经济手段为主、行政手段为辅，从封闭式管理转变为公开透明管理；从注重经济增长转变为经济社会协调发展，将人口管理回归到服从服务于促进全体社会成员的自由而全面的发展这一根本目的，使人人都能体面地、有尊严地生活。

（二）在提供公共服务中实现人口管理

《贝弗里奇报告》可以说是英国几百年社会实践和福利思想的结晶，发布已近70年，其提出的社会保障制度建设的三条基本原则仍有很强的现实意义。其中，依据“普遍和全面原则”，建立覆盖全体社会成员的基本公共服务体系，既是增进民众福利的有力保障，也是实施人口管理的重要基础。即便是在管制色彩比较浓厚的治安管理领域，英国政府也推出了“睦邻警察服务”等系列改革措施，将社区警察职能定位为服务主体，建立积极合作的警民关系，通过服务实现社区管理、预防犯罪等目的。当前，我国一些地方仍沿用计划经济时期管控取向的办法来从事人口管理，不仅影响了经济效率和社会活力，而且容易导致政府管理服务效率降低和社会矛盾激化。加强和创新人口管理，当务之急是要根据我国经济社会发展现状及未来趋势，着眼于满足人民群众生存和发展的基本需要，科学合理地制定人口管理的总体规划，合理确定基本公共服务的范围、内容、标准、规则及职责分工等，有计划、有重点、分步骤地推进基本公共服务均等化，从而实现人口出生、成长、老化、死亡以及涵盖教育、就业、医疗卫生、社会保障、计划生育等全过程多层面的有效管理。

（三）突出解决流动人口的社会融入问题

英国历史上农村劳动力转移的进程与工业化、城市化大体同步，工业化的快速发展期也是人口流动的高峰期，工业化中后期也是流动人口社会融合时期。即使在后工业化时期，英国2011年8月也发生了由警察打死一名移民青年而引发、从伦敦蔓延至英格兰地区各大城市的大规模骚乱事件。这一事件诱因复杂，但对外来人口的社会排斥无疑是关键原因之一，在骚乱的发源地伦敦托特纳姆区，黑人失业比例接近50%，黑人青年失业率甚至高达75%。我国已进入工业化中后期，但城市化发展较为滞后，2010年非农产值占GDP的比例近90%，城市化率接近50%，流动人口达2.2亿人，今后还将有2亿左右人口需要从农村转移出来。我们更应该吸取英国等先行国家的经验教训，更加重视流动人口服务管理，清理废止各种带有歧视性的政策规定，从户籍制度改革、教育培训、扩大就业、权益保护等方面入手，促进流动人口的社会融入。

（四）公共服务部门是实施人口管理的职能主体

英国在工业革命以前人口管理以“管控”为主，主要执行者是地方治安法官；而在此后“服务”为主的时期，执行部门主要放在社会福利保障部门。随着济贫事务的日益繁重和涉及资金的不断增加，1871年英国决定在地方政府中建立济贫委员会参与管理工作；自由党改革之后，社会保险事务由地方政府、劳工部、保健部、关税与消费税管理委员会等机构分头管理；1943年，建立“援助委员会”，统一管理原来分散在各个机构的退休年金和附加年金事务。1944年在援助委员会的基础上建立了“国民保险部”，对社会保险项目实行统一设计、统一管理；1966年，建立“社会保障部”，实现了社会保障制度的统一管理；1968年，社会保障部和保健部合并，成立“保健与社会保障部”，1988年，两部再次分离；2001年，社会保障部将原属“教育与就业部”的就业工作整合过来，成立了“工作与年金部”。对中国而言，在依法保障公民身份平等和迁徙自由的社会条件下，人口管理应建立在公共服务基础之上，相应地，由公共服务部门主要承担人口管理职责，通过人口服务实施人口管理，应该成为新时期人口管理的常态。

（五）实施以公民身份号码为标识的实有人口信息管理

社会保险号是英国人口管理的基本工具，每个公民通过自动获得或主动申请，就拥有一个具备唯一性、不可变更、不可转借等特点的社会保险号。在其工资条、税单、保险单上，都要注明社会保险号。当事人在改名、迁居、结婚、离婚、丧偶时，有责任致电社保帮助热线或者上网，进行信息变更。近些年，英国大力推进电子政务建设，依托社会保险号，推行对公民的“一站式”服务。在我国，建立了居民身份证制度，公民身份号码具有与英国社会保险号相类似的特点。应强化公民身份号码作为居民唯一标识的功能，建立统一共享、动态更新的国家人口信息资源体系，不断提高人口管理和公共服务水平。

推行差别化人口管理
实现人口与产业再平衡

对我们这个世界上人口最多的国家来说，需要从人口发展的角度入手，理解经济社会的整体发展。改革开放以来，我国抓住了人口转变带来的有利时期，较好地利用了劳动力的低成本优势，推动了经济的快速增长。东部地区凭借资本优势，首先成为劳动力流动的目的地，大批劳动力的聚集保障了经济的率先起飞。近年来，随着劳动供求关系的改变，劳动力成本上升，企业招工难问题凸显，劳动力流动格局发生变化，流动目的地趋于多样化，东部沿海地区对劳动力流动的吸引力下降，而中西部城镇地区的吸引力上升。这些变化预示着新的机会：通过运用不同的人口发展策略和手段，地区间可以形成差异化的劳动力资源优势，从而为地区经济发展注入新活力。

目前，很多地方把人口问题放在地区经济社会发展的大局中统筹考虑和解决，积极探索与地区经济发展特点相适应的差异化的人口管理。由此可以看到，人口发展的状态，不仅仅是经济社会发展的一个被动结果，而日益成为作用越来越强的主动因素。

一、三类地区，三种不同的人口发展策略

针对不同地区的社会经济发展条件，选择不同的人口发展策略，实施不同的人口管理办法，凝聚适合本地区发展的人力资本优势，保障地区社会经济发展目标的实现，是近年来我国“明星”发展地区的共同特点：

——内蒙古的策略:“移人”

作为全国重要的农牧基地，内蒙古长期以来因过载放牧致使草场退化，载牧能力下降，陷入了生态退化和牧民收入难以增长的恶性循环。为了改变传统畜牧业发展方式难以为继的局面，适应工业化持续快速发展的需要，内蒙古从1998年开始实施生态移民政策，通过把贫困地区农牧民迁移出来集中居住，转变生产经营方式，进行集约化经营，发展高效农牧业，培育新的经济增长点，带动二、三产业发展。在各种优惠政策的鼓励下，大批农牧民搬迁到交通便利，吃水安全方便，电、

电话、电视畅通的移民点或进入城镇，不仅脱离了原先严酷的生存环境，而且居住、子女受教育、生产环境得到很好的改善。同时，生态环境得到明显改善，搬迁牧户的草场禁牧后，单位面积产草量持续提高。

内蒙古实施的这一人口管理办法，通过把分散居住的人口集中起来，形成了人口聚集优势，带来了经济的转型和发展，极大地促进了经济发展和农牧民收入的提高，初步实现了经济效益与生态效益的统一。内蒙古现已成为全国经济发展最快的地区，在“十一五”期间，全区生产总值从2005年的3905亿元增加到2010年的11672亿元，年均增长17.6%；人均生产总值接近7000美元，位居全国前列；农牧民年人均纯收入从2005年的2989元增加到2010年的5530元，年均增长13.1%。

——重庆的策略："留人"

重庆作为典型的中西部地区，曾长期是劳动力输出地。在东部地区企业因劳动力成本上升开始向内地转移的情况下，传统上的劳动力输出地就获得了难得的发展机遇。重庆为此开始积极探索吸引农民工在城镇落户的具体办法。2010年重庆开始实施城乡户籍制度改革，其目的就是把那些已经在城镇稳定就业、有固定住所或纳税能力的农村户籍人口转变为城市户籍，享受和市民同样的就业、教育、医疗、养老等公共服务，转户人口在农村的土地权益可以继续保留3年。按照重庆户改计划，2010至2011年，将有条件的农民工及新生代登记为城镇居民，新增城镇居民300万人，重庆非农户籍人口比重由目前的29%上升到37%。2012至2020年，重庆力争每年转移80万—90万人，到2020年新增城镇居民700万人，非农户籍人口比重提升至60%，重庆主城区集聚城镇居民1000万人，区县城集聚城镇居民600万人，小城镇集聚城镇居民300万人。

重庆实施的这一人口管理办法，从做法上来看，是希望通过改革户籍制度、推进公共服务均等化来加快城镇化发展；但其实质则是一种“留人”战略，其目的在于延续人口红利，承接产业转移，推动经济发展。

——东部沿海地区的策略:“择人”

东部沿海地区长期以来一直是我国经济增长的“火车头”和人口流动的目的地。这一地区在成为“世界工厂”的同时，也聚集了大量的外来人口，不仅特大城市如上海、广州、深圳等人满为患，即使大城市和中等城市如东莞、无锡、苏州等也都面临着巨大的外来人口增长压力，使城市道路、交通等基础设施以及公共服务不堪重负，社会矛盾加剧，不稳定因素骤增。尤其是自2004年以来，劳动力成本的攀升使过去的增长模式难以为继，发展面临着艰难抉择。如果继续吸纳外来人口，必须提高工资，企业难以承受，城市也无力承载；如果不继续吸纳外来人口，则企业面临倒闭，经济发展可能陷于停滞。适应经济转型和产业结构调整的需要，有选择、有目的地吸纳外来人口，建立居住证制度便应运而生。上海最早实施居住证制度，当初的目的主要是引进人才和吸引投资，后来扩展到所有在上海居住的非本市户籍的境内人员，规定凡是在上海居住的外来人员，都必须办理居住登记，居住证分临时居住证和居住证两种，符合一定条件的可以领取居住证；持有居住证一定年限后，可以转为上海市户籍人口。目前，这一制度在东部地区已经普遍推开，广东去年为全省外来人口办理了近3000万居住证，有超过10万外来人口通过积分入户政策成为广东城镇户籍人口。

东部地区实施的这一人口管理办法，通过实施居住证制度，改变了过去完全把外来人口排斥在外的做法，同时也为外来人口成为本地户籍人口设置了一定的门槛和条件，发挥了有选择地吸纳外来人口特别是较高素质人口的作用。由此可见，这一制度不仅打开了外来人口融入城市的现实通道，更为经济转型升级聚集了新的人力资源优势。

二、不同的策略，共同的理念

上述三类地区面临不同的发展问题，采取了不同的人口发展策略，但其背后的理念则是共同的，即：在自然资源约束趋紧、资本供给相对充裕的条件下，通过人口发展政策的调整，主动凝聚适合本地区发展需要的人力资本优势，形成新的发展基础。内蒙古通过主动实施转移人的策略，分散的人口得以聚集，形成了有利于转变落后农牧业生产方式的禀赋条件，推动了生产方式的转变和经济社会发展。重庆通过城乡统筹的户籍制度改革，千方百计把劳动力资源留在本地，为承接产业转移创造了条件。东部沿海地区通过实施居住证制度，把适应发展需要的人引进来，重新聚集更高水平的人力资源，形成新优势，从而为经济发展方式转变和经济转型升级做准备。这些不同的人口管理策略虽然反映了对待流动人口的不同态度，但都折射出其通过人口发展政策调整促进经济社会健康和谐发展的共同目的。

从全国范围看，与过去相比，要素的禀赋结构及其配置方式已经发生了根本性变化，人口发展策略和手段对于促进经济社会发展的重要性日益彰显。不同地区差异化的人口管理，其背后所体现的都是希望通过“人”

的发展、推动经济社会发展的新思路。

过去一个时期，中国是个资本稀缺而劳动过剩的国家，劳动追逐资本流动是有效的资源配置方式，劳动相对于资本而言处于从属的地位。资本在决定地区经济增长具有最重要的地位，近似无限供给的劳动力资源可以随时通过流动实现与资本的匹配，从而达到经济增长的目的。为了最大限度地吸引投资，各地常常会给资本更多优惠，而劳动者权利则经常保护不力，外来人口虽然对当地经济发展做出巨大贡献，但往往被排斥在城市公共服务和福利体系之外。在这样的资源配置方式下，资本才是第一位的，人口或者说劳动则是第二位的，后者很难得到和资本同等的待遇，更谈不上把人口流动作为经济社会发展的战略问题予以重视和解决。

我国目前进入了中等收入阶段，劳动与资本要素的稀缺性发生了逆转，资本追逐劳动流动的资源配置方式初现端倪，劳动或人口的重要性不断增强。劳动要素正从绝对剩余变得相对稀缺，招工难不仅发生在沿海发达地区，也发生在中西部的很多城市；资本要素则从稀缺变为相对富裕，我国目前不仅拥有世界上最多的外汇储备，而且拥有世界上最高的国民储蓄率，国内资金供给也较为充裕。在这样的要素禀赋条件下，地区经济发展不仅仅维系于是否拥有资本，更取决于是否拥有充足的劳动；同时，在资源的配置过程中，既会出现劳动追逐资本而流动的情况，同样也会发生资本追逐劳动而流动的情况，究竟会发生哪种情况，则取决于资本流动和劳动流动的相对成本。在劳动力流动成本更高的情况下，资本追逐劳动流动就成为资源配置的有效方式，这是当前越来越多的企业不断从沿海迁到内地的重要原因。资源配置方式的变化，意味着发展过程中需要把劳动放在更加重要的位置，外来人口融入城市社会既是劳动者自身发展的利益诉求，也是地方经济发展的要求。

三、差异化的人口发展政策是实现人口与产业再平衡的重要手段

我国城乡区域发展的不平衡造成了人口大规模流动，庞大的流动人口在促进经济社会发展的同时，也带来了越来越尖锐的社会管理问题。目前，流动人口数量已经超过2.2亿，而且还将进一步增长。大批离开户籍地的农村人口难以和流入地城市居民享受同等公共服务，正在造成越来越严重的社会问题。个别城市甚至发生了外来人口和当地户籍人口的群体冲突。合理有效的人口管理是经济社会稳定有序发展的重要保证，创新人口管理、妥善解决流动人口问题，显得刻不容缓。

取消户籍制度并非好的选择。在一些发展中国家，由于没有户籍制度的限制，人口自发迁徙和流动产生了难以根治的城市病，大量贫民窟像毒瘤一样在城市地区蔓延，带来难以解决的社会问题。与一些发展中国家形成鲜明对照的是，我国虽然经历了经济的快速增长和世界上最大规模的人口流动，但依然保持了较为稳定的社会秩序，其中一个重要原因就在于我国拥有户籍制度。虽然户籍制度屡遭社会舆论的抨击，但作为社会管理的重要手段，这一制度仍然保持着生命力。当前各地的人口管理探索，也并没有彻底废除户籍制度，而是积极进行完善。

差异化的人口管理不失为一个有效的应对之策。地区差异从根本上来看就是人口与产业不匹配带来的结果。缩小地区差异实际上就是实现人口与产业之间的匹配。要实现这一目标，就需要在不同发展水平的地区实施不同的人口管理政策。在那些人口规模已经达到承载极限的城市地区，通过设置一定的准入门槛，有选择地让部分人进入，不仅会减少对城市发展的压力，而且也有助于实现经济发展方式转变，提高经济发展的质量。在那些仍然具有承载人口潜力且需要加快经济发展的地方，则需要最大限度地聚集人力资源优势，通过“以劳引资”方式实现经济快速发展和产业聚集。在那些生态环境脆弱，不适合人类生产生活的地方，则需要鼓励人口迁出，减轻人口对资源环境的压力，实现人口与生态环境之间的良性互动。在我们这样一个经济腹地广阔、地区差异巨大的国家，差异化的人口发展政策是实现人口与产业再平衡的现实选择。

北京的“人口苦恼”与人口规划的基础作用

据2010年第六次全国人口普查，北京市常住人口为1961万人，这个数字超过国务院批复的北京市2020年总人口控制规模近一成。有人估计，按实有人口口径计算，北京同期人口应该已经超过2000万人；也有人以北京地区使用“支付宝”的登记人数估计，生活在北京的人口达到3000万人。如何应对人口规模过猛、过快的增长，成为北京处理一切城市管理问题首当其冲的“苦恼”。

一、北京的“人口苦恼”恼在何处

——恼在“控不住”

自北京成为新中国的首都后，中央政府一直要求严格控制这里的人口规模。1953年制定的《北京市第一期城市建设计划要点》，提出“在20年左右人口达到500万左右”的设想。当时的国家计委认为，“人口规模500万太大，400万较合适”。这可以视为中央政府对北京市下达的第一个人口规模控制指标，但这个指标在提出当年就被突破了。1958年，北京第一部城市建设总体规划方案编制完成，提出“50年左右地区总人口达到1000万左右”的设想。不过这个方案得到中央的批准，已经到了1983年。按照当时的批复意见，要“把北京市到2000年的人口规模控制在1000万人左右”。这是对北京市下达的第二个人口规模控制指标。这次指标的突破是在三年之后。1993年国务院批复《北京城市总体规划方案（1991—2010）》，要求2010年北京市常住人口控制在1250万左右。这是对北京市下达的第三个人口规模控制指标。事实是，2000年第五次全国人口普查结果显示，北京市常住人口已达1382万人。2004年，国务院批复了《北京城市总体规划（2004—2020年）》，要求2020年北京总人口规模应控制在1800万人左右。这是对北京市下达的第四个人口控制指标。由于进入本世纪后我国城镇地区人口统计方面的问题，这个指标其实在下达的同时就已经突破了。从400万，到1000万、1250万，再到1800万，北京市的人口规模控制指标，始终处于“步步为营，节节败退”的状态。

——恼在“分不出”

面对不断膨胀的人口规模，北京早在20世纪50年代末期，就提出了“分散集团式发展”的城市规划思路，试图通过改变人口布局，提高城市的容纳能力。但是，从建设工业集聚区为主的远郊卫星城，到建设疏散人口为主的近郊城市区，再到城乡一体规划的核心区、拓展区、发展新区和生态涵养区建设，北京始终无法改变围绕中心城区形成的“单中心”格局，导致目前北京61.5%的常住人口集中在“城六区”，“城六区”人口密度每平方千米7837人，远超过每平方千米5437人的伦敦和每平方千米5984人的东京等世界城市；而整个市域的人口密度仅为每平方千米1196人，又明显低于其他许多国际大都市。人口分布的严重失衡，人口居住空间与就业空间的分离，使已经建成的卫星城变为“睡城”，导致大规模的人口朝夕性移动，加剧了城市运行的紊乱。

——恼在“数不清”

由于缺乏有效的人口登记制度，城市管理没有动态更新的实有人口数据支撑，流动人口规模、结构、方向等方面的情况难以及时掌握，面对大量外来人口的高强度流入，产生了北京的另一个“苦恼”——人口底数不清。在2008年奥运会以前，北京政府一直认定户籍人口1200万左右、居住半年以上的流动人口400万左右。奥运前的一次地毯式调查，发现半年以上的流动人口竟在600万以上。“六普”数据更是超过了这个数。从公共服务部门提供的数据看，居住半年以上的流动人口数据可能要超过900万。由于各有关部门在流动人口数据方面相差大，考虑到财政负担能力问题，政府在流动人口基本公共服务均等化方面的政策实施仍有待完善。

其实，在城镇化进程的加速期，北京的“人口苦恼”是个普遍的现象，世界许多大都市都曾遇到过；目前我国的一些区域性中心城市，也不同程度地经受着同样的“苦恼”。这是发展的“苦恼”；是在发展规律支配下不得不经历的“苦恼”。问题在于，我们是否能够建立有效的协调机制、管理体制及其相应制度，以应对这样的“苦恼”，缓解这样的“苦恼”，直至消除这样的“苦恼”？若能，我们的社会就会进步；若不能，我们就会落入发展的“陷阱”。

二、北京的“人口苦恼”恼出何处

发展的经验告诉我们，凡在实践中反复、持续出现的问题，就不是个别管理者的能力水平问题，而是我们的管理机制出了问题；凡在实践中较大范围共同出现的问题，就不是单纯的管理方式和方法问题，而是我们的管理体制出了问题。北京“人口苦恼”的出处，就来自我国人口调控体系基本面的问题。

（一）法制还是人治

在实施城市规划中强调法制，反对人治，已是老生常谈。像北京这种负载着各种权力的首都，如果城市建设任凭权力左右，其后果可想而知。“文革”后北京的城市总体规划改由党中央和国务院批准执行，也是为了提高规划的权威性，防止个别利益集团对规划的侵害。但是，在我国的现实制度环境下，由于社会经济关系主要依靠行政手段调整，决定了诸如城市规划、人口控制这类必须通过行政机构实施管理的事项，由行政自由裁量权调整的领域，远大于民事、刑事司法权调整的领域。法律授权行政行为的范围过宽，导致法律原则容易受到行政自由裁量权的侵害，法律自身缺少司法权的保护，客观上造成“权大于法”的情况。因此，在我国运用法律保障城市规划的实施，从操作层面看，难度是很大的。

（二）市场还是政府

北京人口的快速膨胀，是从20世纪90年代中期开始的，大体与粮食统购统销体制的解体同步。计划经济时期我国控制城镇人口增长的有效性，并不主要取决于户籍制度本身，而是与户籍制度紧密挂钩的城镇人口消费品计划分配体制相关。那个时代，人口的发展规划决定户籍增减的指标；户籍的数量决定政府配置城镇消费品供应的总量。任何个人，不能获得政府分配的消费品供应指标，一般很难进入城镇生存。但是改革开放后，这个体制被市场机制瓦解了。随着粮食供给的全面市场化，我国原有控制城镇人口发展的最后一个政策工具失效了，北京的人口形势就是这个体制失效、市场机制自发作用的典型显现。问题在于，控制特定区域的人口规模，从来就不取决于市场这只“看不见的手”，而取决于政府这只“看得见的手”。如果应该“看得见的手”看不见，或者“看得见”却不好使，市场这只“看不见的手”就将肆意妄为。北京人口规模的失控，说明在市场配置资源的条件下，我国城镇人口调控的新体制还处于痛苦的羽化期，急需破题。

（三）统合还是分治

人口发展是社会经济发展的综合体现，并不受单一因素左右。从宏观尺度看，人口规模取决于资源承载、环境制约、产业布局、交通运输和人口流向等因素；从中观尺度看，人口规模取决于城市布局、功能配置、土地开发、道路规划和人口集聚等因素；从微观尺度看，人口规模取决于就业机会、福利水平、生活条件、社会秩序和人口管理等因素。政府对人口规模的调控，是对上述多层面因素的综合立体调控，具体的人口管理，处于调控体系的末端，只能在承受综合调控结果的前提下实施，而不能也没有能力代替这种综合调控。我国目前人口调控的主要问题在于，**一是**人口发展规划在国民经济规划中的基础地位没有得到应有的确认，人口规模通常作为一个基础参数用于计算，而不是用于控制。**二是**由此决定了，各类分项规划不具备转化人口调控的功能，在实施过程中分别向处于末端的人口管理“放水”，从而加大了人口管理的压力。**三是**人口管理被动承接这种压力，又没有有效影响各类人口发展因素的手段和渠道，造成管理上的再次“放水”，容易形成人口发展的失控。

应该承认，新中国计划经济时期的人口管理是有效的。“城乡分治+计划指令+统购统销”的综合作用，通过户籍制度，打造出这个时期特有的“人口制度红利”。进入市场经济阶段后，我们必须重新构建起适合市场机制下的人口调控体系。北京的“人口苦恼”说明，解决这个问题的迫切性已经刻不容缓。

三、解脱北京“人口苦恼”的体制构建

应对北京人口规模增长过猛过快的问题，涉及许多复杂的社会经济措施，譬如跨行政区产业布局的调整、城市功能整建制的迁移、副城功能团组的完善、居民生活成本梯度的打造、基本公共服务均等化的形成，等等。但是，如果不能构建起新的适合市场机制的城市人口调控体系、组织机构体系和法律制度体系，那么，完成上述任务，仍然会是纸上谈兵。

（一）确立以法律调整为主的城市规划实施环境

在城市规划的实施中，变行政调整为主为法律调整为主，有效限制行政自由裁量权的应用范围，是国际先行国家的普遍经验，也是强化城市规划执行的必由之路，又是摆脱北京“人口苦恼”的先决条件。日本东京都的城市规划，需要遵循的法律有几十部，其中包括如

《国土利用规划法》、《国土综合开发法》这类基本法；如《首都圈开发整治法》、《关于限制首都圈原有城区工业发展法》、《关于国家财政对首都圈的近郊整治地带进行整治的特别措施法》这类直接法；如《农村区域吸引工业促进法》、《工业再配置促进法》、《技术集聚城市法》、《头脑布局法》、《综合休闲娱乐区建设法》、《多极分散法》这类配套法；等等。完善的法律体系，规范了政府在制定规划、实施规划和行政执法时的行为；防范了特殊利益集团运用市场机制侵害公共利益的可能；通过法律的制定、修订过程，也吸纳和协调了不同利益集团的社会经济诉求。国际经验表明，对城市规划、人口发展、土地开发这类长远利益必须优先于当前利益的公共事务，必须以法律规则约束和监督行政权力。

（二）确立人口发展规划在国民经济和社会发展规划中的基础地位

城镇化过程，是因人口向城市集聚而产生的资源在空间上的重新配置过程。工业化过程，是因生产方式变革而产生的资源在技术上的重新配置过程。两者既相联系，又相区别，却不能相互替代。产业规划的基础是资源的技术配置，其主要的能动因素是产业，人口作为资源之一，处于从属地位。城市规划的基础是资源的空间配置，其主要的能动因素是人口，产业作为人口发展的经济支撑，处于从属地位。长期以来，我国的国民经济发展规划重视产业规划，忽视城市规划，甚至以产业规划代替城市规划，使人口发展的能动作用无法获得有组织的发挥，只能自发地起作用。北京的“人口苦恼”就是这种自发性的一颗苦果。在市场经济条件下，人口发展规划是城市发展的基石，是城乡规划、土地规划、区域规划、产业布局、基础设施布局必须遵循的导航图。它不能作为一般的专项规划，而应作为重大的基础性规划来对待。

（三）构建人口信息动态采集、统计与分配体系

实时、动态的人口信息，是进行人口调控的基础，也是编制人口规划、制定人口政策、配置公共资源的依据。为此，推进全员人口信息平台建设，建立人口信息共享机制，提高全员人口个案数据的真实性、及时性和完整性，建设以公民身份号码为基准的国家和省两级人口数据库，就成为实现人口规划基础性作用的关键条件。依托这个平台，建立以人口评价为基础的部门间、区域间、城乡间和产业间的人口信息衔接机制，实施重大事项的人口综合评估制度，在编制国民经济和社会发展规划、出台重大经济社会政策、引入重大工程项目

时，遵循人口调控规划，落实人口调控目标。

（四）实施人口调控绩效考核

市场机制下的人口调控，是以法制为基础，以规划为指导，充分发挥市场配置资源的基础作用，通过全面而细致的政策引导，实现人口规模、素质、结构和分布合理化的行政过程。这种调控，**一要**遵循市场机制的运行规律，尊重公民的基本权利，立足政策引导，减少硬性指令；**二要**遵循法制社会的运行规律，注重规划的公平公正，立足法律规范，减少自由裁量；**三要**遵循行政管理的运行规律，保障政府的运作效率，立足公共服务，减少放任自流。因此，这种调控是这三种规律共同作用下的复杂调控过程，不可偏废。必须建立科学有效的人口调控绩效考核制度，监督行政过程，保证行政质量，提高行政效率，以增强人口规划对指导各项社会经济专项规划的行政约束力，增强人口规划指标对调节不同地区各类城市管理目标的行政约束力，增强人口规划实施效果对评估相关管理人员行政水平的行政约束力。

把社区建设成为我国人口管理新平台

我国城镇化的加速发展，引带着越来越多的农村人口，离开祖祖辈辈赖以生存的自然村落共同体，进入城镇，融入城镇社区这个重要性与日俱增的新的生活共同体。在这个紧紧连接着工业化、市场化、信息化历史进程的生活共同体中，人们的就业、收入、消费、生活、交往、行为乃至思维方式，发生了根本改变；越来越复杂的利益关系、经济关系和社会关系正在其中生成。我国的人口管理，必须顺应这个历史性变化，以改革为动力，强化公共服务，推进居民自治，逐步把社区打造成为有效实施人口管理的新平台。

一、把社区建设成为人口管理新平台的有利条件

当今中国发展正在扎扎实实贯彻落实以人为本的新理念，把经济、政治、文化、社会诸方面发展归结为人

的发展，不仅仅是人民群众的呼声，而且已经成为中国共产党的执政准则。日益雄厚的物质技术基础和强大的产出与积累能力，为发展转型提供了基本保障。目前，越来越多的财力和资源被用于改善民生，人口发展面临千载难逢的良机。国外经验表明，当一个国家把经济社会发展同人口福利与发展直接挂起钩来，其人口管理的核心内容也必然从管控趋向服务。我国正处在这一重大转变过程之中，社会基础层面上新的人口管理平台必将应运而生。这个平台非“社区”莫属。因为，改革开放已经瓦解了“单位”这个传统基础人口管理平台，城镇化又在不断销蚀“村落”平台，唯有作为越来越多中国人生活共同体的社区，才能承载人口管控向人口服务与发展的转型，才能承担人口管理基础平台的职能。

建设和谐社会的目标任务，在人口管理的范畴内，也是自然而然地指向人口迁移与汇聚的目的地——社区；社区积聚如此之多的利益与社会关系，如果处置失当，则会出现社区不稳、城镇不稳、社会不稳之间的连锁反应，因此社区必然成为社会管理的重中之重。也正是因为这一原因，这些年来，全国各地围绕社区有效管理展开了各种各样的可贵探索，形成了一些各有特色、各具针对性和有效性的模式，初步取得了一些经验。与此同时，政治体制改革范畴内的行政体制改革，也正在因应新的经济社会变迁，不断取得新的进展。所有这些，都为社区这个人口管理新平台的建设，提供了战略机遇和有利条件。

二、把社区建设成为人口管理新平台的目标模式

服务至上。社区人口管理必须跳出管治、管控的传统思维，转变为服务与发展的新思维，其任务不仅仅是把居民管好、不出事，更重要的是为居民服务好、增加他们的福利、促进他们的发展。社区首先应当成为汇聚和整合各种公共服务、慈善服务和居民自我服务的平台，以有效服务促进居民素质提高，人心安定，安居乐业，在此基础上，成为承接和整合各种行政与社会管理职能的平台。两个平台必须合二而一，以服务带动管理，寓管理于服务之中，实施服务型管理。

自治为本。我国基层自治已经以村民自治的形式在乡村起步，但城镇社区的居民自治尚未完善。社区人口管理不能再简单沿用自上而下、以行政为枢纽的方式，这种方式不仅效率低下，而且在公共服务资源日渐丰富的情况下，极易形成权力寻租和部门本位主义，所以应当转向自下而上与自上而下相结合、以自治为枢纽的方

式。所谓自下而上，就是积极推进社区居民自治，所有社区的服务与管理职能，包括行政与社会管理职能，都要与居民自治体制与机制相衔接，能够通过居民自治来解决的社区事务，一律纳入自治范畴。自上而下的必要管理应促进而非削弱居民自治。社区人口管理本质上首先应当是社区自治。

政出有序。目前，我国面向城镇居民投放的公共服务和行政与社会管理，呈现“多龙治水”的格局，职能划分与归属不尽合理，各部门协同性不够，社区居民获取公共服务的成本高、时滞长、效果差，被“治”感强烈，而且往往留下服务与管理的死角。社区人口管理新平台之“新”，就是组建社区服务管理站，作为街道派出的工作站，统筹来自政府和社会的服务和管理，按照人口服务（含各项公共服务和社会服务）、人口专项管理（含各项身份、权利、义务、安全等管理）、人口基础管理（含各项登记、统计、监测等）的不同类别，与社区居民自治的相应机构和机制紧密衔接，有序运作。

核心一元。社区人口管理新平台容纳居民、居委会和其他自治组织、非政府组织、公益组织、街道工作站等多种主体力量，必须有统一的领导核心，以明确各个组织和机构的工作职能和权限，确定它们之间的相互关系和协同机制，维护正常有序的工作秩序。社区党组织应当担负起这个领导核心的责任。目前，北京、天津、南京、杭州、广州和深圳等在这方面都有一些好的做法和经验，值得总结推广。应当把社区党建与社区人口管理新平台建设紧密结合起来。

三、把社区建设成为人口管理新平台的基本路径

以人口发展引领社区人口管理工作。社区人口管理具有丰富内涵和诸多工作头绪，但其实质应当是人口发展。社区作为人口的汇聚和定居之地，是我国社会完成结构转变之后的基本单元，社区人口的发展，决定整个社会人口的发展。因此，社区人口管理工作，自始至终要突出人口发展，以此来运作、规范和考核社区的教育、就业、卫生、医疗、文体、社会保障、社会福利、社会救助、治安等各个方面的服务和管理工作。要以人口发展的新理念和新标准，来推动社区人口管理方式的转变。尤其要强调的是，结合社区居民自治制度建设，社区人口管理要在基层政治体制改革和政治发展上下工夫，充分保障各项公民政治权利，促进履行公民义务，弘扬社会主义核心价值观，积极开展精神文明建设。

以改革创新促进社区人口管理工作。把社区作为我

国人口发展和管理的基础平台，需要敢闯敢试的改革创新精神，积极探索，及时总结，循序渐进。**首先，**要调动社区居民的主人翁精神和参与人口管理工作的积极性，投身于居委会、业委会和其他自治组织的组建和运作，关注社区政治，行使权利，履行义务。**其次，**要规划和确立社区自治的基本框架和组织结构，推动相应的立法工作，鼓励组建服务于社区的各种非政府组织，支持并规范社会慈善组织进入社区开展活动，组织社工和志愿者工作队伍，积极倡导社区公益事业，改革户籍、人口基础信息采集和管理等制度。再次，要精心设置社区服务管理工作站，明确其工作职责、工作机制、工作规范、工作考核标准，在整合并强化服务职能、调整并规范管理职能上下工夫。**最后，**要为开展社区人口管理工作提供必要的资源和条件，统筹考虑解决办公用房、公益活动场所、经费，等等。以上各项需要社区所在的街道、县区统一研究和部署，责成专门部门予以实施。特别需要指出的是，目前全国各地以社区建设和管理为取向的探索，已经到了一个重要时点，必须经过国务院的协调和授权，由国家有关部门出面，以社区人口管理为取向，组织综合改革试点，待取得成功经验，逐步在面上推广。

以各方协调合作推动社区人口管理工作。在我国现行行政和社会管理体制下，社区人口管理新平台建设能否取得预期效果，不单单取决于社区微观工作的成效，更主要取决于街道、县区尤其是省级和中央部门的中观与宏观工作的成效。这方面的成效来自现存体制范围内的协调和合作。省级和中央涉及人口管理的相关部门如果配合不好，社区人口管理新平台的建设就会受到严重影响。当前，迫切需要权威部门牵头，协调一致，拿出向下放权授权或横向职能整合的方案。街道、县区也要做出相应的改变。

以加快人力资源开发配合社区人口管理工作。社区人口管理新平台的建设，需要大量掌握专门技能的人才。为此需要统筹高等教育、中等技术教育、职业高中等担负长期培养任务的院校机构以及各级各类短训班，同时开展远程教育、网上培训，等等，突破人才瓶颈。

引导人口合理分布　促进协调发展

2006年以来，国家人口计生委成立课题组，在国家人口发展战略研究的基础上，组织开展了“人口发展功能区”研究，对我国人口布局面临的挑战和问题进行深入分析，根据不同区域的资源环境承载能力、现有开发强度和发展潜力，统筹谋划未来人口分布、经济布局、国土利用和城镇化格局，探索提出引导人口合理分布、促进不同地区人口与资源环境协调和可持续发展的政策建议，取得了一系列研究成果。本章摘要刊登，供参考。

一、我国未来人口布局面临的挑战

（一）人口规模与人口迁徙双峰叠加将考验我国政府的综合治理能力

未来20年，我国将进入现有国土承载人口规模最大的时期。国家人口发展战略研究表明，我国总人口将于本世纪30年代初达到峰值15亿左右。人口与资源环境关系紧张的矛盾，将更加趋于激化。随着社会主义市场经济体制的日臻完善，我国人口迁移流动将进一步增加，在现行户籍制度条件下，流动人口可在本世纪上半叶达3亿以上。总人口和流动迁移人口规模巨大、两大高峰相互叠加，在人类发展史上是史无前例的，将对我国政府在政治、经济、社会等领域的治理能力提出严峻考验。

（二）人口城镇化加速迫切要求改变发展模式

预计到2030年，城镇化率将达65%左右。如果延续现有的发展模式，每年需新增城镇建设用地1000—1200平方公里，新增就业岗位830万—980万个，经济增长8%—9%。调整发展思路、转变经济增长方式迫在眉睫。

（三）人口集聚滞后于产业集聚将严重制约区域协调发展

长三角、京津冀和珠三角 3 大都市圈，GDP占全国的36%，人口仅占15%；沿海地区GDP占全国的72%，人口仅占42%。未来产业结构还将发生重大调整，产业布局继续向沿海、沿江、沿线聚集。如果不改变人口聚集滞后的状况，区域发展差距将越来越大。

（四）国家生态屏障地区人口严重超载将威胁国家生态安全

我国正处于人与自然矛盾最为尖锐的时期。尤其是在地处地理第一、二阶梯，位于大江大河上中游地带，提供全国性生态产品、保障国家生态安全的国家生态屏障地区，人口严重超载，生态环境危急，危及下游、下风地区和国家生态安全。

二、引导未来人口合理分布的基本思路

遵循科学发展、和谐发展的方针，按照“五个统筹”的要求，优先投资于人的全面发展，将人口发展作为谋划未来发展的主线，科学界定人口发展功能区，引导人口有序流动与适度聚集，扩大人口的生存与发展空间，增进人口发展的机会公平，促进不同地区的人口与资源环境协调和可持续发展。这一思路包含以下几个要点：

（一）追求人口与资源环境承载力的均衡

将实现人口与资源环境的均衡作为人口布局的基本

目标，既体现了人口、资源、环境共同约束下的理性发展原则；又体现了围绕人的全面发展、保障人的基本权利和需求的公平发展原则；也体现了通过科技创新以维持、保护并扩大自然资源基础的动态发展原则；更体现了通过调节和控制以提高环境容量的协调发展原则。针对未来人口规模、自然资源超常规利用、城市化进程全面加速、改善整体环境质量、缩小区域收入差距并实现社会公平等方面所带来的压力，确立均衡人口与资源环境关系的基本目标，积极引导人口有序迁移与合理分布，将成为缓解这些压力最重要的举措之一。

（二）实施人口发展功能分区

在处理人口与资源环境的关系方面，我国不同地区面临着不同的问题，这些问题又无法仅仅依靠区域内部的力量来解决，必须在统一规划下，采取不同的政策分别加以调节。以县域为基本单元，按照人居环境适宜性、水土资源承载力与发展潜力、现有物质积累基础与人文发展水平和人口状况，可以将全国划分为人口限制区、人口疏散区、人口稳定区和人口聚集区四类区域。人口限制区采取“人口适度集中、面上生态保护、点上集中发展”的模式，严格控制人口的自然增长和机械迁入，实施强制性的人口退出政策。人口疏散区以发展中、小城市和乡、镇为主要形态，人口相对集中、适度集聚，实施人口向区外引导性疏散转移的政策。人口稳定区以发展都市圈和城市群为主要形态，努力保持区内人口规模的基本稳定，实施加速调整区内人口城乡分布的政策。人口聚集区以发展大都市圈和城市群为主要形态，促进新兴产业向这一区域的集聚，全面提高基础设施水平，扩大生态环境容量，以增强人口吸纳能力，实施区外迁入人口的政策。

（三）通过人口集聚置换生存空间

在人口分布总体格局难以改变的条件下，我国未来人口布局的主题，实际上就转化为人居环境适宜地区的产业布局和城市布局问题。以产业的集聚，吸引人口的集中；以人口的集中，换取土地的集约；以土地的集约，相对扩大我国的整体生存空间。这是处理未来我国人口布局的基本途径。在这方面，我国实际上存在着巨大的潜力。如果把我国长江三角洲、京津冀和珠江三角洲 3 大都市圈的人口比重提高到日本东京、大阪和京都 3 大都市圈的水平，则这些地区可增加2亿以上的人口。从单位城市建成区的人口承载效率来看，目前我国城市人均占用面积130平方米以上，而国际较大城市的人均占用面积一般在70—80平方米之间。如果把单位城市建成区的人口承载效率提高到国际水平，那么我国现有城市建成区面积可增容1.6亿以上的人口。换言之，我国城市化相对于工业化的滞后性和城市土地利用的粗放性，使现有城市地区为未来人口的集聚预留了较大空间。

（四）实现人口发展机会的均等

促进人的全面发展，是人类经济社会发展的基石。人口发展是“人的发展”的集合，既涵盖“人的发展”所应包含的内容，又具有人口数量、质量、结构和分布等整体发展的特性。实现我国不同区域之间的协调发展，说到底就是形成不同区域人口发展的均等机会。区域与区域之间的资源禀赋可以不同、区位特征可以相异、财富积累可以有别，但是在人口有序迁移的调整下，不同区域人口发展的机会应该是大体均等的。因此，在协调区域发展的过程中，应将原来“以区为本”的思维范式转变为“以人为本”的思路框架，着眼于人口密度与经济密度相适应，把人口分布的调整作为产业布局、资源配置、环境改善、福利安排的主线，以促进我国人口发展机会均等。

三、推进形成人口发展功能区的政策建议

（一）把人口发展规划摆在更加重要的位置

人口因素是经济社会发展的基础性因素；人口发展规划也应成为国民经济和社会规划体系中的基础性规划。长期以来，我国的国民经济规划着力于物质投入的分配，注重产业结构及空间分布的安排，而往往把人口发展作为承受物质投入的一个被动结果，把人口规模作为计算物质投入的一个指标参数来应用。在这种条件下，人口的结构及分布状况，很容易被忽略，并对产业布局、区域协调、城乡关系及生态安全等一系列重要领域产生极其深刻的影响。调整我国人口的空间分布，将成为缓解甚至摆脱资源、环境压力最重要的战略性举措。因此，制定并实施基于人口发展的功能区规划，对提升我国国民经济和社会发展规划的整体水平，具有举足轻重的作用。

（二）对区域发展实施专项立法

推进人口发展功能区的形成，需要在统一规划下，按照不同的目标，制定不同的规则，达成不同的效果，共同实现对人口迁移的合理引导和布局。这种协调方式

有三个难点：**一是**人口分布的变化是个慢变过程，这种变化不宜受到政府人员更替的影响；**二是**人口分布的调整要在人口迁出地和迁入地同时完成，不宜受到行政区划的限制；**三是**人口迁徙的实现最终取决于居民的自主决策，政府的意志需要以规则的方式来强化。正是由于这些特点，发达市场经济国家往往运用专门的区域立法，对各类复杂的行为主体予以规范，并强制调整各部门、各地区相关法律、法规和法令的不一致性。在推进形成人口发展功能区的过程中，有必要分别制定不同区域的专项法律，来调整区域内各行政区的行政管辖行为。

（三）建立适合于人口发展功能区形成的区域利益分配机制

运用人口分布的改变来协调区域间利益，有必要对我国现有的区域利益分配方式进行相应的调整。**一是**确立中央财政资金流向与人口流向相统一的原则。充分考虑人口集聚区承接人口转移所支付的基础设施建设及居民福利成本，综合平衡各类功能区的利益得失与责任分工，完善中央对各方财政转移支付的分配。**二是**对集聚区和稳定区的公共事业实行免税，以加快区内公共设施的发展，提高其人口吸纳能力和对外区人口的拉力。**三**

是改革和完善资源价格形成机制，使人口迁出区与人口迁入区共同分享资源价格市场化的利益。**四是**建立城乡间、跨行政区的耕地和建设用地占补平衡制度，在进城落户农民所放弃的耕地与进城后所占用的建设用地之间，寻求一种土地资源的平衡机制，以使人口集聚区获得必要的发展空间，同时在整体上坚守耕地资源的红线，并保障农民的合法土地财产权。

（四）形成有利于人口合理分布的区域社会政策体系

为了增强人口限制区和人口疏散区人口主动流出的推力，提高人口集聚区和人口稳定区的拉力，在人口发展机会均等的前提下，形成各具特点的区域社会政策体系：**一是**调整完善人口政策。将分省区、分民族的差别化人口政策改为以人口发展功能区为单位的差别化人口政策，限制区和疏散区应制定并实施严格控制人口自然增长与机械迁入的政策。**二是**应加大人口限制区和人口疏散区的义务教育、职业教育与劳动技能培训及扶贫工作力度，形成人口向外流动的动力。**三是**增强人口稳定区和人口集聚区人口承载力和吸引力。加大这些区域基础设施建设、教育、社会保障、就业、住房等人口福利政策的投入，以现居住地人口的口径享受各项福利政策，实现与户籍政策相分离；降低流入门槛，减少流入阻力。特别是集聚区要在调整产业结构的同时，积极创造更多的就业岗位。政府要努力营造区域间人口流动位势，通过发挥市场配置人力资源的直接作用，最终实现人口在区域间的合理流动与分布。

（五）成立负责区域发展的协调执行机构

统筹区域发展，需要中央政府建立高层次、综合性的区域协调执行机构。这个机构至少应当具有以下职能：**一是**协助和推动全国人大制定各项专项区域立法；**二是**负责人口功能分区规划的编制以及人口空间分布的动态监测、评估、督查工作；**三是**负责有关跨区域的国家重大基础设施、人口政策、财税政策、产业布局、城乡规划、国土规划、生态保护规划的协调以及重大投资项目的安排；**四是**负责跨区域违法区域法案件的执法监督以及协助司法系统开展区域违法案件的审理工作。鉴于我国未来20年区域发展对长远发展的影响巨大，成立这样一个专门的协调执行机构是十分必要的。

后　记

为贯彻落实中央关于“加强和创新社会管理”总体要求，国家人口计生委成立课题组，组织开展了人口管理课题研究，本书是系列阶段性研究成果的汇集。直接参与研究报告起草的人员有：陈立、高山、郭震威、黄长群、周恭伟、李坚高、肖勤福、张车伟、李建民、韩俊丽、王韦华、唐勇林等同志。

本项研究得到了有关部门和研究机构领导及专家学者的大力支持和帮助。蔡昉、成升魁、许长旺、文铠、邓文奎、袁路明、丁元竹、都阳、杜正艾、段成荣、封志明、郝福庆、何兴强、李培林、刘晶茹、刘宇南、陆杰华、王大树、王静、王小鲁、吴要武、谢新民、邢天添、杨雪冬、赵长茂、周南等同志参与研究讨论；贾玉梅、孟宪臣、潘晓阳、谢玲丽、张丽娟、张肖敏、黄良操、杨清华、张卫阳、蔡宝新、陈文兴、高林杰、龚海涛、郝玉宝、马建、苏建民、伍文洲、于国君、张玉枝、朱超英、张萱、齐新杰、王瑾玲、黄燕妮、赵佳妮等部分地方人口计生委领导同志和发规信息干部提出了宝贵的意见。

由于水平、时间有限，本书编辑过程中难免出现不当、疏漏乃至错误之处，敬请批评指正。

编　者

2012年5月

图书在版编目（CIP）数据

人口服务管理体制研究／国家人口计生委课题组编.
—北京：世界知识出版社，2012.5
ISBN 978-7-5012-4281-8

Ⅰ.①人… Ⅱ.①国… Ⅲ.①人口—管理体制—研究—中国 Ⅳ.①C924.2

中国版本图书馆CIP数据核字（2012）第099793号

责任编辑 袁路明
责任出版 赵 玥
责任校对 张 琨
封面设计 田 林

书　　名 **人口服务管理体制研究**
Renkou Fuwu Guanli Tizhi Yanjiu

作　　者 国家人口计生委课题组 编

出版发行 世界知识出版社
地址邮编 北京市东城区干面胡同51号（100010）
网　　址 www.wap1934.com
电　　话 010-65265923（发行）
印　　刷 北京京晟纪元印刷有限公司
经　　销 新华书店
开本印张 787×1092毫米 1/16 7½印张
字　　数 70千字
版次印次 2012年6月第一版 2012年6月第一次印刷
标准书号 ISBN 978-7-5012-4281-8
定　　价 18.00元